Andreas Bartel

Grafik und Animation mit Borland Pascal 7.0

Aus dem Bereich Computerliteratur

Effektiv Starten mit Turbo C++
von Axel Kotulla

Programmieren mit Turbo C++ 3.1 für Windows
von Gerd Kebschull

Arbeiten mit MS-DOS QBasic
von Michael Halvorson und David Rygmyr
(Ein Microsoft Press/Vieweg-Buch)

Microsoft BASIC PDS 7.1
von Frederik Ramm

Effektiv Starten mit Visual Basic
von Dagmar Sieberichs und Hans-Joachim Krüger

Das Vieweg Buch zu Visual Basic 2.0 für Windows
von Andreas Maslo

Das Vieweg Buch zu Borland Pascal 7.0
von Andreas Maslo

Das Vieweg Buch zu Borland C++ 3.0
von Axel Kotulla

Grafik und Animation mit Borland Pascal 7.0
von Andreas Bartel

Windows Power-Programmierung
von Michael Schumann

100 Rezepte für Turbo Pascal
von Erik Wischnewski

Die Turbo Vision zu Turbo Pascal 7.0
von Arnulf Wallrabe

Vieweg

Andreas Bartel

Grafik und Animation mit Borland Pascal 7.0

3D-Grafik, Animation und Simulation

Das in diesem Buch enthaltene Programm-Material ist mit keiner Verpflichtung oder Garantie irgendeiner Art verbunden. Der Autor und der Verlag übernehmen infolgedessen keine Verantwortung und werden keine daraus folgende oder sonstige Haftung übernehmen, die auf irgendeine Art aus der Benutzung dieses Programm-Materials oder Teilen davon entsteht.

Ursprünglich erschienen bei Friedr. Vieweg & Sohn Verlagsgesellschaft mbH, Braunschweig/Wiesbaden, 1993
Softcover reprint of the hardcover 1st edition 1993

Gedruckt auf säurefreiem Papier

ISBN 978-3-528-05333-8 ISBN 978-3-663-06849-5 (eBook)
DOI 10.1007/978-3-663-06849-5

Inhaltsverzeichnis

Abbildungsverzeichnis

Vorwort

Zukunftsmusik

Es ist nicht lang her, daß man sich freuen mußte, einen "großen" Computer mit 640 K RAM sein Eigen nennen zu dürfen. Im Laufe der Jahre jedoch hat sich das Erscheinungsbild den PCs entscheidend gewandelt. "*Schneller*" und "*mehr Speicher*" heißt heute die Devise.

Daran scheinen sich nicht nur die Hardwarehersteller zu halten, sondern auch die Anbieter der verbreiteten Programmiersprachen, allen voran die Firma Borland. Der Bereich der Grafik und Animation unter Pascal auf einem PC bietet sich aus verschiedenen Gründen an, bislang aber weniger unter Pascal als unter den "schnellen" Sprachen, wie C oder C++.

Zu Beginn dieses Buchprojekte galt es, mit einer verbreiteten und beliebten Programmiersprache und einem kleinen AT gegen Computer anzutreten, die bereits vom Hersteller scheinbar nur für die Animation entwickelt worden sind. Zur Verfügung standen der PC mit seiner sprichwörtlich schwachen Grafikleistung und der als "Lehrsprache" im guten Namen beschnittene Programmiersprache Pascal in seiner neuesten Version 7.0.

Allen Problemen und kleinen Alltagsrückschlägen zum Trotz wurde das Projekt verwirklicht. Und es hat mir großen Spaß gemacht, das scheinbar unmögliche wahr werden zu lassen. Ob das auch gelungen ist, sollten jedoch Sie entscheiden. Ich wünsche Ihnen abschließend viel Erfolg beim Durcharbeiten!

Andreas Bartel

Kapitel 1

Einleitung

Vielleich gehören Sie zu der Gruppe von Anwendern, die immer schon mehr wollten, aber nicht bekommen haben, als Sie sich einen IBM-kompatiblen PC gekauft haben, weil der Arbeitsrechner im Arbeitszimmer immer noch *etwas* wichtiger war, als ein "Spielecomputer" mit bestechener Grafik.

Dann ist dieses Buch für Sie haargenau das richtige!

Dieses Buch wird Ihnen helfen, die Hürden der Grafikprogrammierung zu überwinden, die langweiligen Geschäftsgrafiken und Geschäftsbriefe (von Vorträgen ganz zu schweigen) hinter sich zu lassen und sich von der faszinierenden Welt der bewegten Computergrafik verzaubern zu lassen.

Sicherlich scheint es am Anfang ein Sprung ins kalte Wasser zu sein, wenn Sie feststellen, daß die Computergrafik fast ausschließlich von der Mathematik beherrscht wird. Nun, sicherlich kann man auch anders an die Sache herangehen. Der Vorteil der mathematisch orientierten Vektorgrafik liegt nun einmal darin, daß sie am allerbesten vom PC unterstützt wird und einen erstaunlich geringen Speicherbedarf hat. Auf diese Weise sind auch kleine Trickfilme kein Problem mehr.

Grundlage dieses Buches ist: **einfache und verständliche Heranführung** an das Thema. Sollten beim Lesen dieses Buches irgendwelche Probleme auftreten, so blättern Sie einfach in einem Anhang und schon werden Ihnen dort die wichtigsten Formeln, Referenzen usw. bereitgestellt. Der Vorteil: Sie brauchen auf diese Weise nicht *viele* Bücher, um *eines* zu verstehen, sondern nur dieses eine, um *alles* zu verstehen.

Die dokumentierten Beispielprogramme steigern sich in ihrem Schwierigkeitsgrad von sehr einfachen Beispielsdefinitionen zur komplett objekt-orientierten Computeranimation.

Das System der OOP (Objekt-Orientierten Programmierung) hat seit Erscheinen der neueren Turbo-Pascal-Versionen ab 5.5 erheblich an Bedeutung gewonnen. Deren Grundprinizpien, wie z.B. **Beschränkung auf das Wesentliche** und **mit intelligenter Programmierung am Programmumfang sparen** sind prägend auch für dieses Buch. Der Umfang der größeren Programme sank dadurch erheblich, was nicht zuletzt auch Ihnen als Leser das Verständnis erleichtert.

Wenn Sie immer noch nicht neugierig geworden sind, so sollten Sie nicht vergessen zu lesen, was Ihnen dieses Buch bieten wird:

Zunächst werden die Grundlagen der Grafikprogrammierung bereitgestellt. In wenigen Kapiteln werden die wenigen Grundprinzipien der Vektorgrafik eingeführt. Sie erfahren u.a. auch, wie die erlernten Kenntnisse in die Praxis, sprich Borland-Pascal, umgesetzt werden können.

Zwischen mathematischen Koordinatensystemen lernen Sie, wie man sich eine zweidimensionale Welt am besten selbst erstellen kann. Die damit erlernten 2D-Erfahrungen werden in einem zweidimensionalen Animationsprogramm in die Praxis umgesetzt. Die durch die OOP ermöglichten klartextähnlichen Beispielprogramme (eine Anweisung: "motiv.drehen(5)" dreht das Objekt "motiv" um 5 Grad) erübrigen unnötige Erklärungen, so daß vor lauter Kommentar-Klammern die Übersicht erhalten bleibt.

Die bisher noch handfeste, weil direkt vom Computer unterstützte 2D-Welt wird später in eine dreidimensionale Tiefenwelt umgewandelt. Ab da ist es an Ihnen, Ihre Vorstellungskraft auf drei Dimensionen auszuweiten. Es wird also immer interessanter.

Das Problem der möglichst guten Darstellung behandelt ein weiteres Kapitel. Sie lernen hier verschiedene Arten der perspektivischen Darstellung kennen, die Unterschiede zwischen Parallel-/Zentralperspektive, zwischen Luft- und Farbperspektive werden mit ihren Vor-und Nachteilen beleuchtet.

Über Probleme der realistischen Hidden-Line-Grafik gelangen Sie über das Raytracing sogar bis hin zu den informatischen Grundlagen von Cyberspace.

Alles in allem ist dieses Buch wohl als thematisch abgerundet zu bezeichnen!

Eventuell (sehr wahrscheinlich) ist gerade hierzu in nicht allzu weiter Zukunft ein weiterführendes Buch zu erwarten, das auf den durch dieses Buch gewonnenen Erfahrungen und Grundprinzipien aufbaut.

Zahlreiche Anhänge, Verzeichnisse, Literaturübersicht und eine kleine mathematische Grundlagenformelsammlung runden dieses Werk ab.

Lassen Sie sich also faszinieren von der phantastischen Welt der Computergrafik.

Kapitel 2

Grundlagen der Bilddaten-Verarbeitung

Einführung in Koordinatensysteme

Wie vieles in der Welt der Computer hat auch die Computergrafik eine besondere Ordnung, die eine automatische Organisation durch die Elektronik ermöglicht.

Zunächst kann der Bildschirm als ganz normaler Speicherbereich betrachtet werden, dessen Inhalt ständig auf dem Bildschirm gezeigt wird. Durch die Kombination von gesetzten und gelöschten Punkten (Bits) im Speicher entstehen auf dem Bildschirm simultan, also zeitgleich, gesetzte und nicht gesetzte Bildpunkte, die dann die Grafik zeigen. Im einfachsten Fall eines einzeln gesetzten Bits entsteht also ein gesetzter Punkt auf dem Bildschirm. Bei modernen Programmiersprachen, wie z.B. Borland-Pascal, Turbo C++, usw. ist die Speicherverwaltung voll automatisiert, so daß es überflüssig wird, darauf einzugehen.

Was nun den Benutzer interessiert, ist, wie er programmgesteuert einfache grafische Objekte (Punkte, Linien, ...) auf dem Bildschirm erzeugen und möglichst noch bewegen kann. Um nun eindeutige und einheitliche Definitionen dieser Objekte festlegen zu können, bietet der Computer ein Hilfsmittel an, das Bildschirmkoordinatensystem.

Dieses kann man sich wie ein enges Gitter vorstellen, das über den Bildschirm gelegt wird und in seinen kleinen Zwischenräumen jeweils einen Punkt von seinen umliegenden "Nachbarn" trennt. Um jedem Punkt eine eindeutige Bezeichnung zuordnen zu können, sind die durch das Gitter gebildeten Zeilen und Spalten, die durch die horizontalen und vertikalen Linien gebildet werden, durchnumeriert. Als Anfang dieser Numerierung wurde von den Entwicklern der Programmiersprachen einheitlich die linke obere Ecke

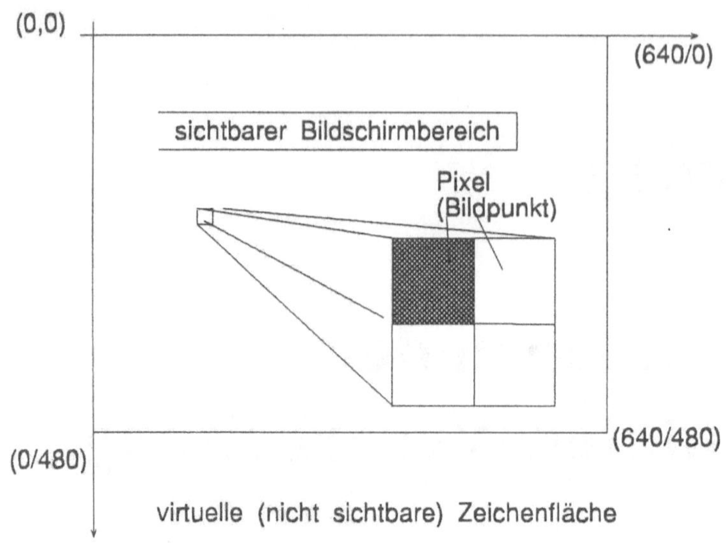

Bild 2-1 *Aufbau des Koordinatensystems*

des Bildschirmes gewählt. Man nennt diesen Punkt mit den Koordinaten (0,0) "Koordinaten-Ursprung".

Die eindeutige Bestimmung jeder Punktposition kann nun sehr einfach durch die Angabe zweier Zahlen erfolgen; die erste Zahl stellt vereinbarungsgemäß den Abstand zum linken

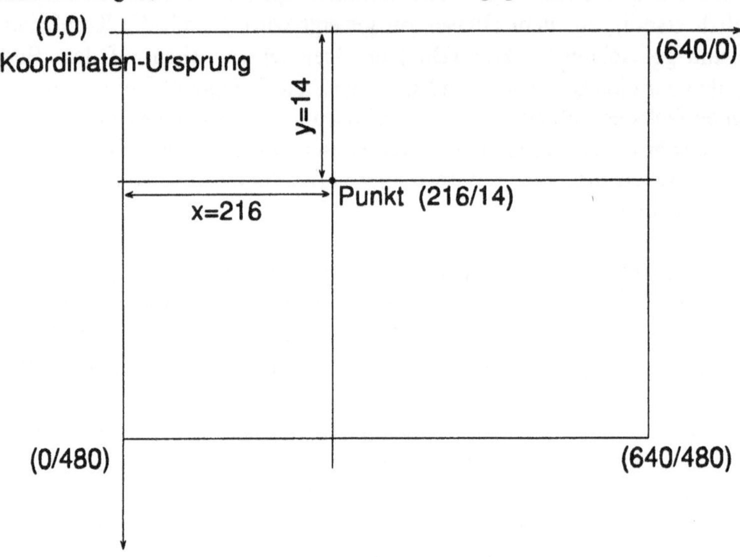

Bild 2-2 *So werden Bildkoordinaten bestimmt*

Bildrand dar, während die zweite Zahl den Abstand zur Bildoberkante angibt. Zur Verallgemeinerung werden Buchstaben als Platzhalter bestimmt. Dabei steht "x" für die erste und "y" für die zweite Zahl. Man spricht auch von "x-Richtung" und "y-Richtung".

In diesem Zusammenhang wird der Begriff "Dimension" benutzt, der angibt, wie viele Zahlen notwendig sind, um die exakte und eindeutige Beschreibung eines Bildpunktes vorzunehmen. Im gezeigten Koordinatensystem sind dies genau 2 Zahlen, man spricht: "Das Koordinatensystem ist 2-dimensional" (2D).

Welcher Zahlenbereich nun tatsächlich angezeigt werden kann, hängt von der benutzten Grafikkarte in der vom Benutzer gewählten Auflösung ab. Borland-Pascal unterstützt folgende Grafikkarten (hier eine Auswahl der gebräuchlichsten Grafikadapter):

Grafikadapter	Auflösung	Darstellbare Farben
CGA	320*200	4
EGA	640*350	16
VGA	640*480	16

Sollten Sie eine hier nicht aufgeführte Grafikkarte benutzen, schlagen Sie bitte im Handbuch nach. Eventuell kann Ihr Adapter in einem Emulationsmodus laufen und darin eine oben aufgeführte Grafikkarte nachbilden.

Einführung in Vektoren

Die Position eines Punktes kann also beispielsweise durch eine folgende Angabe bestimmt werden (mathematisch ist es übrigens völlig egal, welches Trennzeichen ("," oder "/" oder ...) benutzt wird):

$$(x/y) = (x,y) = (251,14)$$

Das bedeutet, daß der Punkt als x-Koordinate 251 und als y-Koordinate 14 besitzt. Diese Art der Darstellung ist mathematisch zwar vollkommen richtig, einfacher jedoch geht es mit den sogenannten Vektoren, die gegenüber der konventionellen Darstellungsmethode den Vorteil haben, daß sie bei möglichen Rechenoperationen wesentlich einfacher zu verarbeiten sind. Es bleibt auch bei komplizierteren Rechnungen die Übersicht erhalten. Die Grundidee ist, für jede Richtungsangabe (x oder y) eine neue Zeile zu beginnen, also die Koordinaten nicht nebeneinander, sondern übereinander zu schreiben.

Sollten nun nicht wie im Beispiel konkrete Werte, sondern komplexe Rechenterme auftreten, so kann der Betrachter dennoch sofort die einzelnen Terme für die entsprechende Richtung ausfindig machen. Eine Verwechslung, die durchaus fatale Folgen haben kann, ist nahezu ausgeschlossen. Also:

$$(251,14)=(x,y)=\begin{pmatrix}x\\y\end{pmatrix}=\begin{pmatrix}251\\14\end{pmatrix}$$

Solch übereinandergeschriebenen Koordinatenpaare (im 2-dimensionalen Raum) nennt man 2-dimensionale Vektoren. Die gezeigte Darstellungsart von Punkten in Ebenen und Räumen nennt man Vektordarstellung. Diese "Koordinatenklammern" können praktisch wie gewöhnliche Zahlen behandelt werden. Es lassen sich bekannte Rechenoperationen durchführen, wobei folgende Gesetze gelten:

Addition zweier Vektoren:

$$\begin{pmatrix}x_1\\y_1\end{pmatrix}+\begin{pmatrix}x_2\\y_2\end{pmatrix}=\begin{pmatrix}x_1+x_2\\y_1+y_2\end{pmatrix}$$

Multiplikation mit einem eindimensionalen Vektor, der einfachen Zahl "n":

$$n\cdot\begin{pmatrix}x\\y\end{pmatrix}=\begin{pmatrix}n\cdot x\\n\cdot y\end{pmatrix}$$

Auf diese Weise können Vektoren also verknüpft werden. In den folgenden Kapiteln wird diese Art der Verknüpfung als Grundlage zur mathematischen Darstellung grafischer Objekte und Manipulationen benutzt.

Kapitel 3

Vektorisierung einfacher 2D-Objekte

Die Grafikanimation beschäftigt sich wahrlich nicht ausschließlich mit der Mathematik. Wesentlich interessanter ist es hier, über das zu sprechen, was wir später auf dem Bildschirm bewegen wollen, doch läßt sich die mathematische Grundlage nur schwerlich verleugnen.

Um größere Objekte auf den Bildschirm zu bringen, gibt es verschiedene Möglichkeiten. Zum einen gibt es die Grafiken, die von Malprogrammen oder Lesegeräten (sogenannten "Scannern") geliefert werden. Es handelt sich hierbei um die Pixelgrafiken. Sie sind als Raster aufgebaut, in dem ein Farbpunkt (Pixel) neben dem anderen liegt. Der Nachteil liegt auf der Hand: Da für einen Bildschirm extrem viele Punkte notwendig sind (für einen VGA-Bildschirm sind dies 640*480=307200 Punkte), sind schon bei einfachen Manipulationen mindestens genauso viele Rechenschritte notwendig. Um diese Leistung zu erbringen, müßte man schon mehr als 20 386er sein eigen nennen, eine nahezu utopische Vorstellung (die Zukunft gehört dabei den Parallelrechnern). Zwar ist auch die Animation unter hohem Aufwand mit einigen Abstrichen möglich, doch würde die Beschreibung und Heranführung an solche Methoden sicherlich den Inhalt dieses Buches sprengen.

Ein weiterer Nachteil ist, daß solche Grafiktypen sehr auflösungsgebunden sind. Das bedeutet, daß bei einer Vergrößerung die einzelnen Grafikpunkte weiter auseinandergezogen werden müßten, da der Computer nicht weiß, wie er die Zwischenräume auffüllen soll.

Auf der anderen Seite gibt es die Programme, die Grafiken als Beschreibung einfacher mathematischer Objekte speichern. Dem liegt zugrunde, daß alles, was an geometrischen Formen benötigt wird, als Kombination aus den Grundelementen Punkt, Linie und Kreisbogen erzeugt werden kann. Ähnlich wie bei technischen Zeichnungen werden nur die wesentlichen Grundwerkzeuge benutzt.

Da diese Art der Objekte wesentlich weniger speicherträchtig ist, ist die Animation solcher Grafiken schon leichter realisierbar.

Vektorisierung eines Punktes

Das einfachste Element in der Vektorgrafik ist der Punkt. Einen solchen kann man, wie im Einführungsbeispiel beschrieben, durch die Angabe eines Koordinaten-Paares eindeutig bestimmen. Man erkennt allerdings auch, daß sich hier die Pixelgrafik noch nicht von der speicherplatzfreundlichen Vektorgrafik unterscheidet.

Vektorisierung einer Linie

Die Linie (genaugenommen betrachten wir eine Strecke mit Anfangs-und Endpunkt) kann man auf verschiedene Arten bestimmen: Zunächst benötigen wir einen Anfangspunkt. Ab hier können wir entweder Länge und Winkel abspeichern, in dem sie verläuft, oder einen zweiten Punkt als Endpunkt betrachten. Angesichts der Einfachheit ist letztere Methode vorzuziehen.

Ein Vorteil liegt darin, daß sich der Computer beim Zeichnen alle restlichen, nicht abgespeicherten Punkte selbstständig berechnet, auch bei der oben beschriebenen Vergrößerung. Hier hat man sich am Menschen orientiert, der eine Strecke zwischen zwei Punkten mit dem Lineal zieht, das die restlichen Punkte an dessen Zeichenkante vorgibt.

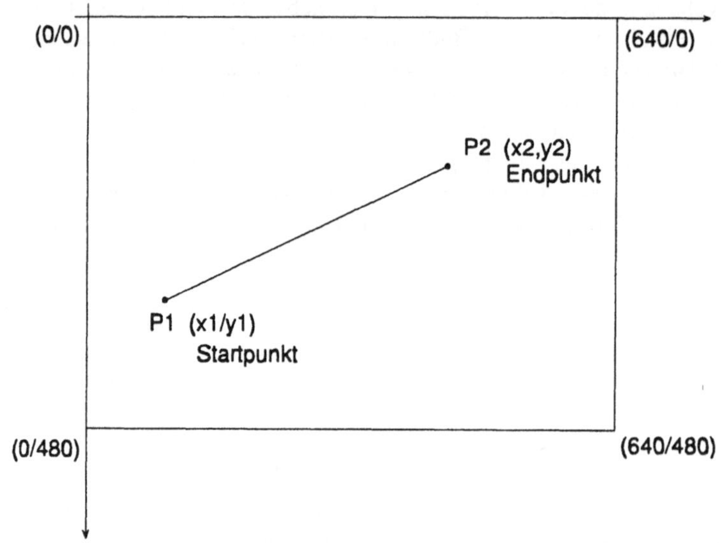

Bild 3-1 *Vektorielle Beschreibung einer Linie*

Vektorisierung eines Kreises

Ähnlich wie bei der Linie verhält es sich mit dem Objekt Kreis. Hier muß außer dem Kreismittelpunkt noch der Radius gespeichert werden. Die übrigen Punkte errechnet die Zeichenroutine der jeweiligen Programmiersprache.

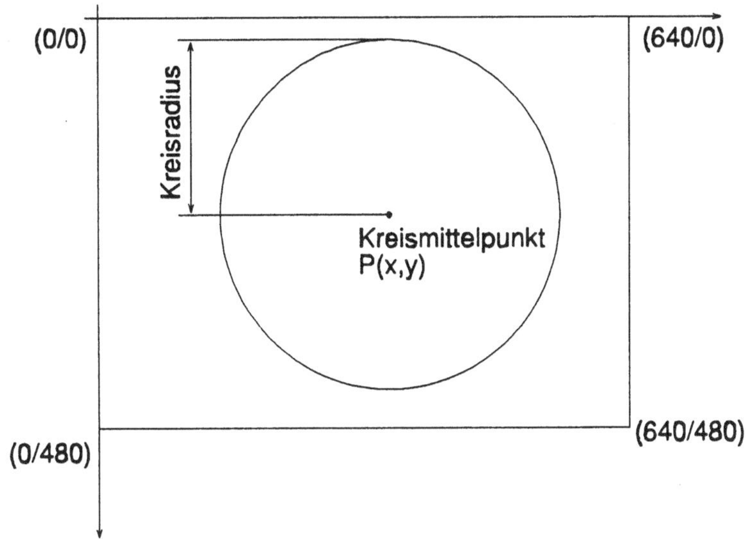

Bild 3-2 *Vektorisierung eines Kreises*

Vektorisierung eines Rechtecks

Das Rechteck ist im Sinne der Mathematik im allgemeinen eine Ansammlung von vier Linien, deren Anfangs- und Endpunkte paarweise übereinstimmen. Es müssen jedoch nicht unbedingt alle vier Linien abgespeichert werden. Soll das Rechteck später zum Beispiel nicht um einen bestimmten Punkt gedreht werden, so reichen zwei diagonal gegenüberliegende Punkte aus, um ein Rechteck zu bestimmen. Die Zeichenroutine erstellt danach automatisch ein nicht gedrehtes Rechteck aus diesen beiden Angaben.

Anderenfalls muß leider doch noch auf die Linie zurückgegriffen werden. Es müssen derer vier gespeichert werden, damit sich wirklich alle Operationen, die später beschrieben werden, ermöglichen lassen.

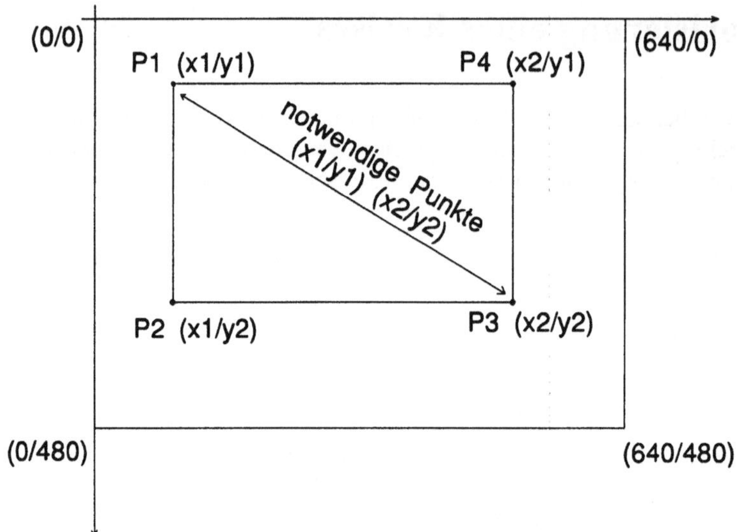

Bild 3-3 *Ein Rechteck nach Turbo-Pascal*

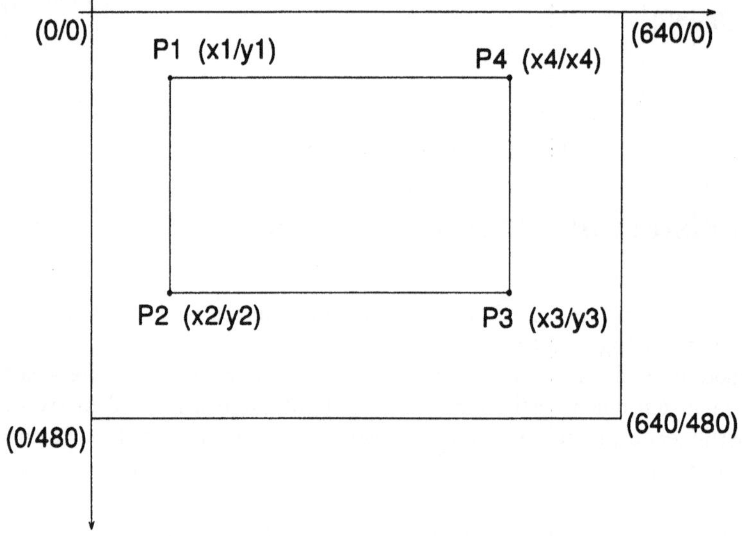

Bild 3-4 *... ein Weg mit größerer Sicherheit*

Kapitel 4

Die Umsetzung in die Praxis

Die Definition der grafischen Elemente

Die Grundlagen der Grafikprogrammierung sind nun sicherlich nicht ohne den Computer zu erlernen, denn schließlich lernt man auch durch die altbewährte Methode "Versuch und Irrtum" beim Programmieren recht schnell und sicher.

Wir haben bisher einfache geometrische Formen kennengelernt, deren vektorielle Definition in eine Programmiersprache umgesetzt werden soll. Hier fallen bei der Betrachtung des Softwaremarktes mehrere Programmiersprachen ins Auge, die fähig sind, solche Grafiken zu verarbeiten. Neben den neueren Sprachen Turbo C oder Turbo C++ gibt es noch das gute alte Turbo-Pascal, das sich nach den letzten Entwicklungen (seit Version 5.5) besonders zur Grafikprogrammierung eignet. Auch angesichts der großen Verbreitung habe ich diese Sprache gewählt und später aus Borland-Pascal umgesetzt.

Es bietet sich an, die Grafiken objektorientiert zu programmieren, eine Methode, die viele Vorzüge hat, wie spätestens bei Manipulationen deutlich wird.

Die Definition eines Punktes ist noch recht einleuchtend, zumal die notwendigen Komponenten "x" und "y" abgespeichert werden. Doch schon beim nächsten Objekt (siehe Listing) erscheint eine Besonderheit: Durch die Bindung an das Objekt "punkt" in der Klammer der Liniendefinition wird im neuen Objekt Linie das bekannte Objekt Punkt lediglich um ein weiteres Koordinatenpaar "aufgestockt", wobei beide nun gespeicherten Punkte gleichwertig zu behandeln sind.

Analog ist auch die Definition des Objektes Kreis zu behandeln. Neben dem Kreismittelpunkt ist lediglich der Radius zuzufügen. - Dagegen zeigt sich bei der Definition Rechteck eine weitere Besonderheit: Es entspricht voll und ganz der Definition von "Linie". Es sind nicht mehr als diese beiden Punkte zur eindeutigen Bestimmung eines waagerecht/senkrecht ausgerichteten Rechtecks notwendig, so daß nichts der Definition hinzugefügt werden muß.

```
PROGRAM definition_der_objekte;

 TYPE punkt      = OBJECT
                 x,
                 y   : REAL;
                END;



    linie     = OBJECT(punkt)
                 x1,
                 y1   : REAL;
                END;

    kreis      = OBJECT(punkt)
                 radius : REAL;
                END;

    rechteck1  = OBJECT(linie)
                END;

    rechteck2  = OBJECT
                 l1,
                 l2,
                 l3,
                 l4    : linie;
                END;

BEGIN
END.
```

Notwendige Organisationsoperationen

Da wir ja vollkommen strukturiert programmieren und die Übersichtlichkeit erhalten wollen, ist es unbedingt notwendig, die goldene Regel der objektorientierten Programmierung (OOP) einzuhalten. Sie besagt, daß Objekte vollständig gekapselt werden müssen, so daß Definitionen und Abfragen über Organisationsprozeduren erfolgen sollten.

Solche Operationen sind notwendig

- um einem Objekt die Koordinaten/Parameter zu übergeben{ Procedure in }

- um zur Weiterbearbeitung die Koordinaten ausgeben zu lassen { Procedure out }

- ein Objekt auf dem Bildschirm anzeigen zu lassen { Procedure zeigen }

Wie diese Prozeduren realisiert werden können, braucht eigentlich nicht weiter ausgeführt zu werden, das Listing ist hier sehr viel aussagekräftiger als alle Worte.

```
PROGRAM definition_der_objekte_und_organisation;

USES graph;

TYPE punkt      = OBJECT
                x,
                y   : REAL;

                procedure in(xwert,ywert : REAL);
                procedure out(VAR xwert,ywert : REAL);
                procedure zeigen;
               END;

   linie      = OBJECT(punkt)
                x1,
                y1  : REAL;

                procedure in(xwert,ywert,x1wert,y1wert : REAL);
                procedure out(VAR xwert,ywert,x1wert,y1wert : REAL);
                procedure zeigen;
               END;

   kreis       = OBJECT(punkt)
                radius : REAL;

                procedure in(xwert,ywert,radius : REAL);
                procedure out(VAR xwert,ywert,rad : REAL);
                procedure zeigen;
               END;

   rechteck1  = OBJECT(linie)
                procedure zeigen;
               END;
```

```
   rechteck2  = OBJECT
                l1,
                l2,
                l3,
                l4     : linie;

                procedure in(linie1,linie2,linie3,linie4 : linie);
                procedure out(VAR linie1,linie2,linie3,linie4 : linie);
                procedure zeigen;
               END;

PROCEDURE punkt.in(xwert,ywert : REAL);

 BEGIN
  punkt.x := xwert;
  punkt.y := ywert;
 END;

PROCEDURE punkt.out(VAR xwert,ywert : REAL);

 BEGIN
  xwert := punkt.x;
  ywert := punkt.y;
 END;

PROCEDURE punkt.zeigen;

 BEGIN
  putpixel(x,y,getcolor); {Pixel an der Stelle (x,y) mit akt.Zeichenfarbe}
 END;

PROCEDURE linie.in(xwert,ywert,x1wert,y1wert : REAL);

 BEGIN
  x := xwert;
  y := ywert;
  x1 := x1wert;
  y1 := y1wert;
 END;

PROCEDURE linie.out(VAR xwert,ywert,x1wert,y1wert : REAL);

 BEGIN
  xwert := x;
  ywert := y;
```

```
    x1wert := x1;
    y1wert := y1;
  END;

PROCEDURE zeigen;

  BEGIN
    line(x,y,x1,y1);
  END;

PROCEDURE kreis.in(xwert,ywert,rad : REAL);

  BEGIN
    x := xwert;
    y := ywert;
    rad := radius;
  END;

PROCEDURE kreis.out(VAR xwert,ywert,rad : REAL);

  BEGIN
    xwert := x;
    ywert := y;
    rad := radius;
  END;

PROCEDURE kreis.zeigen;

  BEGIN
    circle(x,y,radius);
  END;

PRODEDURE rechteck1.zeigen;

  BEGIN
    rectangle(x,y,x1,y1);
  END;

PROCEDURE rechteck2.in(linie1,linie2,linie3,linie4 : linie);

  BEGIN
    l1 := linie1;
    l2 := linie2;
    l3 := linie3;
    l4 := linie4;
```

```
  END;

PROCEDURE rechteck2.out(VAR linie1,linie2,linie3,linie4 : linie);

  BEGIN
   linie1 := l1;
   linie2 := l2;
   linie3 := l3;
   linie4 := l4;
  END;

PROCEDURE rechteck2.zeigen;

  BEGIN
   l1.zeigen;
   l2.zeigen;
   l3.zeigen;
   l4.zeigen;
  END;

BEGIN
END.
```

Die Hauptidee der Grafikanimation ist, grafische Elemente schnell hintereinander auf dem Bildschirm auftauchen und wieder verschwinden zu lassen, so daß der Betrachter den Eindruck von Bewegung vermittelt bekommt.

Nun ist es nicht notwendig, Bildschirme nach jedem Schritt vollständig zu löschen, wenn nur ein Element von vielen bewegt wird. Es wird also eine Löschroutine für jedes Objekt benötigt. Eine solche kann man allgemein so formulieren:

- aktuelle Zeichenfarbe merken

- Hintergrundfarbe als Zeichenfarbe setzen

- Objekt zeigen (Zeige-Prozedur), damit also übermalen

- Zeichenfarbe wieder auf gespeicherten Wert zurücksetzen

Diese allgemeine Form trifft für <u>jedes</u> Objekt zu. Es kommt hier ein weiterer Grundgedanke der Grafikanimation zum Tragen, die sogenannte "Polymorphie". Das bedeutet, daß diese Operation nur <u>einmal</u> programmiert werden muß, und zwar als <u>virtuelle</u>

Prozedur. Damit kann sie in die Objekte, die davon abgeleitet werden, vererbt werden. Ohne dieses also für jedes Element extra programmieren zu müssen, ist die Löschprozedur dann schon vorhanden, wenn sie nur für "Punkt" definiert und explizit ausgeschrieben wurde.

Das Listing hat dann folgende Form:

```
PROGRAM definition_der_objekte_und_organisation;

 USES graph;

 TYPE punkt      = OBJECT
                 x,
                 y   : REAL;

                 CONSTRUCTOR init(xwert,ywert : REAL);
                 procedure out(VAR xwert,ywert : REAL);
                 procedure zeigen; virtual;
                 procedure loeschen; virtual;
                END;

   linie       = OBJECT(punkt)
                 x1,
                 y1   : REAL;

                 CONSTRUCTOR init(xwert,ywert,x1wert,y1wert : REAL);
                 procedure out(VAR xwert,ywert,x1wert,y1wert : REAL);
                 procedure zeigen; virtual;
                END;

   kreis        = OBJECT(punkt)
                 radius : REAL;

                 CONSTRUCTOR init(xwert,ywert,rad : REAL);
                 procedure out(VAR xwert,ywert,rad : REAL);
                 procedure zeigen; virtual;
                END;

   rechteck   = OBJECT(linie)
                 procedure zeigen; virtual;

                 {Restprozeduren von "linie" geerbt!}
                END;
```

```
{------------------------Objekt Punkt---------------------------}

CONSTRUCTOR punkt.init(xwert,ywert : REAL);

  BEGIN
   x := xwert;
   y := ywert;
  END;

PROCEDURE punkt.out(VAR xwert,ywert : REAL);

  BEGIN
   xwert := x;
   ywert := y;
  END;

PROCEDURE punkt.zeigen;

  BEGIN
   putpixel(round(x),round(y),getcolor);
          {Pixel an der Stelle (x,y) mit akt.Zeichenfarbe}
  END;

PROCEDURE punkt.loeschen;

  VAR altfarbe : WORD;

  BEGIN
   altfarbe := getcolor;
   setcolor(getbkcolor);
   zeigen;
   setcolor(altfarbe);
  END;

{------------------------Objekt Linie--------------------------}

CONSTRUCTOR linie.init(xwert,ywert,x1wert,y1wert : REAL);

  BEGIN
   x := xwert;
   y := ywert;
   x1 := x1wert;
   y1 := y1wert;
  END;
```

```
PROCEDURE linie.out(VAR xwert,ywert,x1wert,y1wert : REAL);

  BEGIN
    xwert := x;
    ywert := y;
    x1wert := x1;
    y1wert := y1;
  END;

PROCEDURE linie.zeigen;

  BEGIN
    line(round(x),round(y),round(x1),round(y1));
  END;

{-------------------------Objekt Kreis----------------------------}

CONSTRUCTOR kreis.init(xwert,ywert,rad : REAL);

  BEGIN
    x := xwert;
    y := ywert;
    radius := rad;
  END;

PROCEDURE kreis.out(VAR xwert,ywert,rad : REAL);

  BEGIN
    xwert := x;
    ywert := y;
    rad := radius;
  END;

PROCEDURE kreis.zeigen;

  BEGIN
    circle(round(x),round(y),round(radius));
  END;

{-------------------------Objekt Rechteck 1-----------------------}

PROCEDURE rechteck.zeigen;

  BEGIN
    rectangle(round(x),round(y),round(x1),round(y1));
  END;
```

```
{---------------------------Hauptprogramm--------------------------}

BEGIN
END.
```

Bereits jetzt erkennt man eine gewisse Struktur: Alle Objekte stammen gewissermaßen vom Punkt ab. Objektspezifisches allerdings ist für das entsprechende Element auszeichnend. So kommt z.B. beim Kreis die Angabe eines Radius hinzu, bei der Linie ist es ein weiterer Punkt.

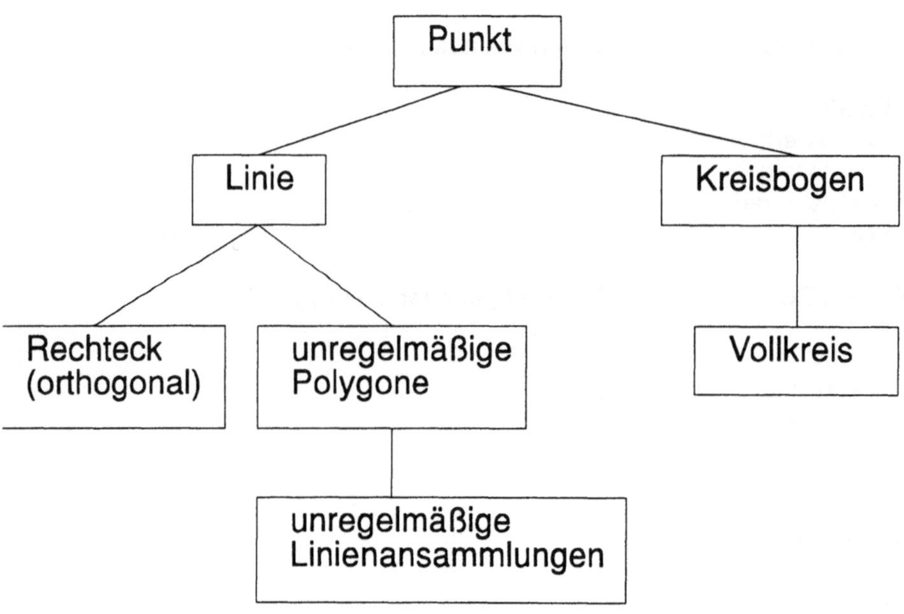

Bild 4-1 *Hierarchie zwischen Objekten*

Kapitel 5

Einfache Manipulationsroutinen

Verschiebung (einfache Transformation)

Hier nun sollen endlich die Manipulationsroutinen behandelt werden. Die einfachste dieser Art ist die Verschiebung. Aufgabe ist, ein Objekt auf dem Bildschirm zu bewegen. Es ist einleuchtend, daß dazu lediglich seine Koordinaten zu ändern sind. Wie geschieht dies jedoch in der Vektor-Betrachtung?

Fangen wir klein an und betrachten das Objekt "Punkt". Der Punkt ist das unkomplizierteste Element und besitzt zwei Koordinaten, eine x- und eine y-Koordinate, die seine Position auf dem Bildschirm markieren.

Angenommen, wir wollten den Vektor (denn nichts anderes ist der Punkt) um 10 Punkte in x-Richtung und um 30 Punkte in y-Richtung bewegen, dann berechnen sich die neuen Koordiaten (x,y) des Punktes folgendermaßen:

$$\begin{vmatrix} x' = x + 10 \\ y' = y + 30 \end{vmatrix}$$

Damit wären die Koordinaten bestimmt. Betrachten wir aber nun die Werte der Verschiebung als eigenständigen Vektor, sieht die Rechnung folgendermaßen aus:

$$\begin{pmatrix} x' \\ y' \end{pmatrix} = \begin{pmatrix} x \\ y \end{pmatrix} + \begin{pmatrix} 10 \\ 30 \end{pmatrix} = \begin{pmatrix} x + 10 \\ y + 30 \end{pmatrix}$$

Schreibt man dies in allgemeiner Form, so entspricht es voll und ganz der Vektoraddition, die wir bereits im Einführungskapitel kennengelernt haben. Dies ist gleichzeitig der anschauliche Beweis für die Richtigkeit dieser Regel. Die Grafik zeigt die Vektorverschiebung noch einmal grafisch:

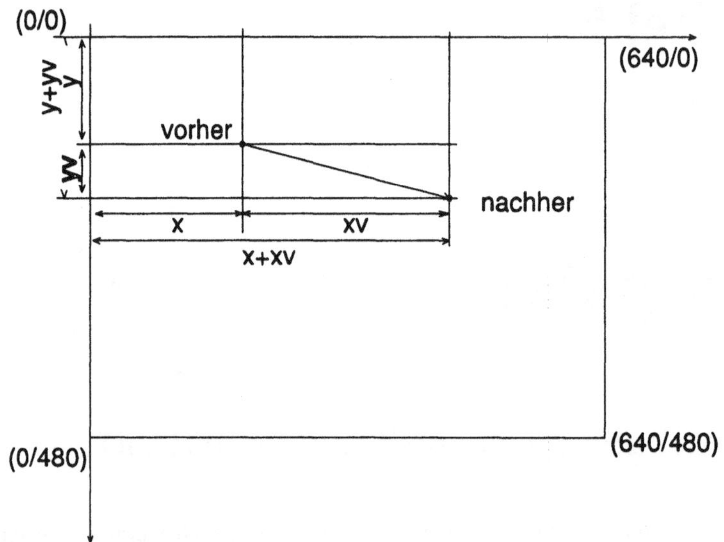

Bild 5-1 *So wird ein Vektor verschoben*

Analoges gilt auch für weitere Objekte:

Kreis:

Hier wird der Vektor (Kreismittelpunkt) nach der Regel der Vektoraddition verschoben, der Radius bleibt erhalten.

Linie:

Hier müssen beide Punkte (Anfangs-und Endpunkt) verschoben werden, um eine deckungsgleiche Linie zu erzeugen.

Rechteck:

Das Rechteck entspricht weitestgehend der Linie. Es müssen auch hier beide Punkte verschoben werden.

Das nachfolgende Programm faßt die bisherigen Kapitel zusammen. Mit den entsprechenden Tasten können Sie verschiedene Objekte auf dem Bildschirm erzeugen. Mit den Cursortasten kann das Objekt bewegt werden, ein Druck auf RETURN beendet das Programm.

(Pfeiltasten) bewegen das Objekt

"ENTER" Programmende

```
PROGRAM definition_der_objekte_und_organisation;

 USES graph,crt;

 TYPE punkt      = OBJECT
                 x,
                 y    : REAL;

                 CONSTRUCTOR init(xwert,ywert : REAL);
                 procedure out(VAR xwert,ywert : REAL);
                 procedure zeigen; virtual;
                 procedure loeschen; virtual;
                 procedure addition(dx,dy : REAL); virtual;

                 procedure verschieben(dx,dy : REAL); virtual;
                END;

     linie      = OBJECT(punkt)
                 x1,
                 y1   : REAL;

                 CONSTRUCTOR init(xwert,ywert,x1wert,y1wert : REAL);
                 procedure out(VAR xwert,ywert,x1wert,y1wert : REAL);
                 procedure zeigen; virtual;
                 procedure addition(dx,dy : REAL); virtual;

                 {Prozedur VERSCHIEBEN wurde geerbt!}
                END;

     kreis      = OBJECT(punkt)
                 radius : REAL;

                 CONSTRUCTOR init(xwert,ywert,rad : REAL);
                 procedure out(VAR xwert,ywert,rad : REAL);
                 procedure zeigen; virtual;

                 {Prozeduren ADDITION und VERSCHIEBEN von "punkt" geerbt!}
                END;

     rechteck   = OBJECT(linie)
```

```
          procedure zeigen; virtual;

          {Restprozeduren von "linie" geerbt!}
         END;

{--------------------------Objekt Punkt-------------------------------}

CONSTRUCTOR punkt.init(xwert,ywert : REAL);

 BEGIN
  x := xwert;
  y := ywert;
 END;

PROCEDURE punkt.out(VAR xwert,ywert : REAL);

 BEGIN
  xwert := x;
  ywert := y;
 END;

PROCEDURE punkt.zeigen;

 BEGIN
  putpixel(round(x),round(y),getcolor);
       {Pixel an der Stelle (x,y) mit akt.Zeichenfarbe}
 END;

PROCEDURE punkt.loeschen;

 VAR altfarbe : WORD;

 BEGIN
  altfarbe := getcolor;
  setcolor(getbkcolor);
  zeigen;
  setcolor(altfarbe);
 END;

PROCEDURE punkt.addition(dx,dy : REAL);

 BEGIN
  x := x + dx;
  y := y + dy;
 END;
```

```
PROCEDURE punkt.verschieben(dx,dy : REAL);

  BEGIN
   loeschen;
   addition(dx,dy);
   zeigen;
  END;

{-------------------------Objekt Linie--------------------------}

CONSTRUCTOR linie.init(xwert,ywert,x1wert,y1wert : REAL);

  BEGIN
   x := xwert;
   y := ywert;
   x1 := x1wert;
   y1 := y1wert;
  END;

PROCEDURE linie.out(VAR xwert,ywert,x1wert,y1wert : REAL);

  BEGIN
   xwert := x;
   ywert := y;
   x1wert := x1;
   y1wert := y1;
  END;

PROCEDURE linie.zeigen;

  BEGIN
   line(round(x),round(y),round(x1),round(y1));
  END;

PROCEDURE linie.addition;

  BEGIN
   x := x + dx;
   y := y + dy;
   x1 := x1 + dx;
   y1 := y1 + dy;
  END;

{------------------------Objekt Kreis---------------------------}
```

```
CONSTRUCTOR kreis.init(xwert,ywert,rad : REAL);

  BEGIN
   x := xwert;
   y := ywert;
   radius := rad;
  END;

PROCEDURE kreis.out(VAR xwert,ywert,rad : REAL);

  BEGIN
   xwert := x;
   ywert := y;
   rad := radius;
  END;

PROCEDURE kreis.zeigen;

  BEGIN
   circle(round(x),round(y),round(radius));
  END;

{-------------------------Objekt Rechteck 1------------------------}

PROCEDURE rechteck.zeigen;

  BEGIN
   rectangle(round(x),round(y),round(x1),round(y1));
  END;

{--------------------------Hauptprogramm--------------------------}

{ Ab hier stehen alle Verschiebungsprozeduren für die vordefinierten Objekte }
{ zur Verfügung!                                                    }

VAR
  graphdriver,
  graphmode,
  dx,
  dy          : INTEGER;
  ch,ch1      : CHAR;
  opunkt      : punkt;
  olinie      : linie;
  orechteck   : rechteck;
```

```
  okreis       : kreis;

BEGIN

  { Anzeigeobjekte vordefinieren }
  okreis.init(120,50,50);
  orechteck.init(100,40,250,110);
  opunkt.init(140,65);
  olinie.init(100,60,150,110);


  { Grafikmodus einschalten }
  graphdriver := detect;
  initgraph(graphdriver,graphmode,'c:\tp\bgi');

  { Objekte darstellen }
  okreis.zeigen;
  orechteck.zeigen;
  olinie.zeigen;
  opunkt.zeigen;

  { Arbeitsschleife }
  repeat
    ch := readkey;
    case ch of
      #0  : BEGIN
              ch1 := readkey;
              dx := 0;
              dy := 0;
              case ch1 of
                #72 : dy := -5; { Cursor auf    }
                #80 : dy := 5;  { Cursor ab     }
                #75 : dx := -5; { Cursor links  }
                #77 : dx := 5;  { Cursor rechts }
                else ;
              END;
              opunkt.verschieben(dx,dy);
              olinie.verschieben(dx,dy);
              okreis.verschieben(dx,dy);
              orechteck.verschieben(dx,dy);
            END;
      #13 : ;
    END;
  UNTIL ch=#13; { abbrechen, wenn RETURN gedrückt wurde }
  closegraph;  { zurückkehren zum Text-Modus }
END.
```

Spiegelung an der y-Achse

Eine weitere sehr interessante Operation ist die Spiegelung eines Objektes an einer Achse. Die Spiegelung an der Achse mit der Koordinate x=0, also die y-Achse, wird hier als erstes behandelt.

Zunächst ist vorauszuschieben, daß die vektorielle Speicherung grafischer Objekte weiterhin den Vorteil mit sich bringt, daß weitaus mehr als auf dem Bildschirm sichtbar abgespeichert werden kann. In Wirklichkeit ist das Koordinatensystem Bildschirm um den Ursprung herum noch wesentlich größer, wobei auch negative Koordinaten beachtet und korrekt berechnet werden.

Betrachten wir nun die Spiegelung, so kann man sie sicherlich am besten durch folgende Grafik beschreiben

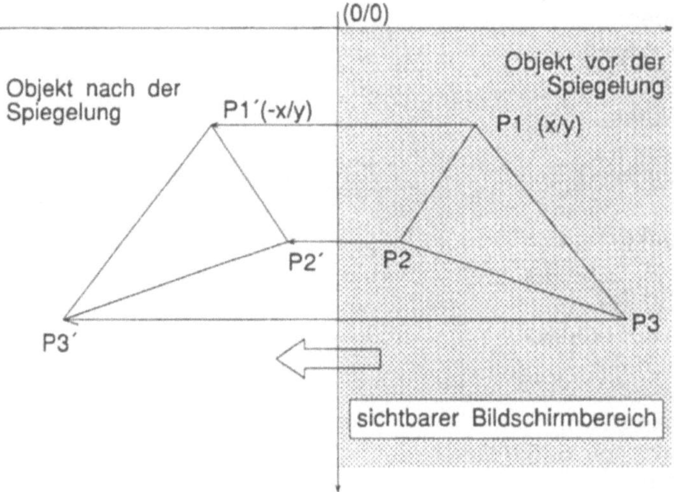

Bild 5-2 *Spiegelung an der y-Achse*

Hier wird deutlich, daß mit der y-Achse, dem linken Bildschirmrand, das Koordinatensystem sicherlich nicht endet, sondern noch sehr viel weiter verläuft. Betrachten wir nun das Beispielobjekt auf der rechten Seite und das manipulierte, an der y-Achse gespiegelte Dreieck auf der linken Seite. Vergleicht man die Koordinaten, stellt man fest, daß die y-Koordinaten vor und nach der Spiegelung immer gleich bleiben, während die x-Koordinaten immer um den Vorfaktor -1 verschieden sind. Daraus folgt für die Spiegelung an der y-Achse folgende Zuordnungsvorschrift:

$$\begin{pmatrix} x' \\ y' \end{pmatrix} = \begin{pmatrix} (-1) \cdot x \\ y \end{pmatrix}$$

Spiegelung an der x-Achse

Ähnlich verläuft die Spiegelung an der x-Achse. Hier muß man sich vorstellen, daß das Koordinatensystem nicht nur links neben dem Bildschirmrand, sondern oberhalb des sichtbaren Bildschirmes existiert. Dann verläuft die Manipulation der Spiegelung folgendermaßen:

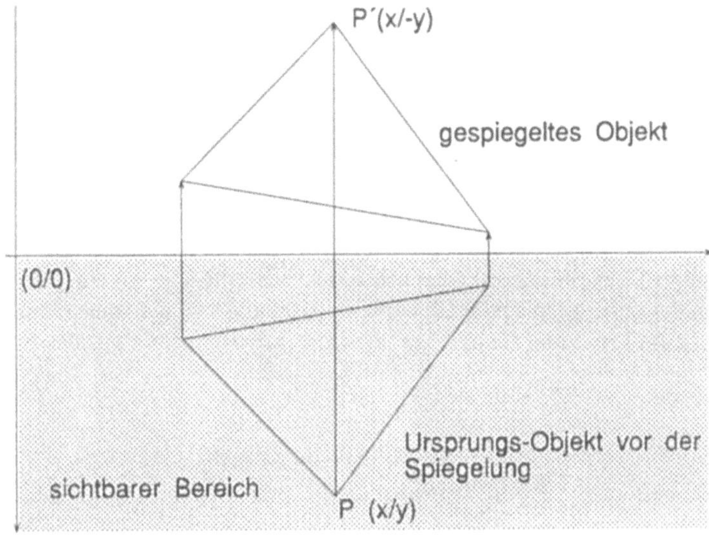

Bild 5-3 *Analog: Die x-Achsen-Spiegelung*

Analog zur y-Achsen-Spiegelung läßt sich die Manipulation auf folgende Formel bringen:

$$\begin{pmatrix} x' \\ y' \end{pmatrix} = \begin{pmatrix} x \\ (-1) \cdot y \end{pmatrix}$$

Spiegelung an einer beliebigen Achse

Letztlich kann man auf sehr einfache Weise die oben beschriebenen Spiegelungen durchführen. Ein Manko besteht bisher allerdings noch: Bei einer solchen grafischen Veränderung befindet sich das Objekt nicht mehr auf dem sichtbaren Bereich des Koordinatensystems. Abhilfe schafft hier, nicht an einer Rand-Achse wie der x- oder y-Achse zu spiegeln, sondern eine beliebige Achse auszuwählen. Es soll hier expilizit nur die Spiegelung an einer vertikalen Achse (Parallelachse zur y-Achse) durchgeführt und erklärt werden. Andere Achsen lassen sich vollkommen analog bearbeiten.

Zunächst wird man feststellen, daß es gar nicht so einfach ist, direkt an einer Achse zu spiegeln. Es ist möglich, jedoch nur mit relativ vielen Rechenschritten. Nachdem ich aber denke, es sei sinnvoll, es möglichst einfach zu halten, werde ich nur die Prozeduren benutzen, die bisher bekannt sind.

Wir kennen die Spiegelung bisher nur an der y-Achse. Es ist nun einfach, das Objekt auf die y-Achse zu verschieben, dann zu spiegeln und schließlich wieder zurückzuschieben. Das Ganze bleibt natürlich für den Betrachter unsichtbar.

Denken wir wieder an ein Objekt, z.B. unser Dreieck, und denken uns, wir wollten es an der Achse x=100 spiegeln. Wir gehen dann wie folgt vor:

Zunächst benutzen wir unsere Verschiebungs-Routine und verschieben das Objekt um x=-100 und y=0 auf die Koordinatenachse. Danach spiegeln wir an der Achse und verschieben das neue, gespiegelte Objekt um x=100 und y=0 auf seine (neue) Position. Erst jetzt tritt die Prozedur "zeigen" auf und zeigt dem Betrachter nur das Ergebnis der Prozedur.

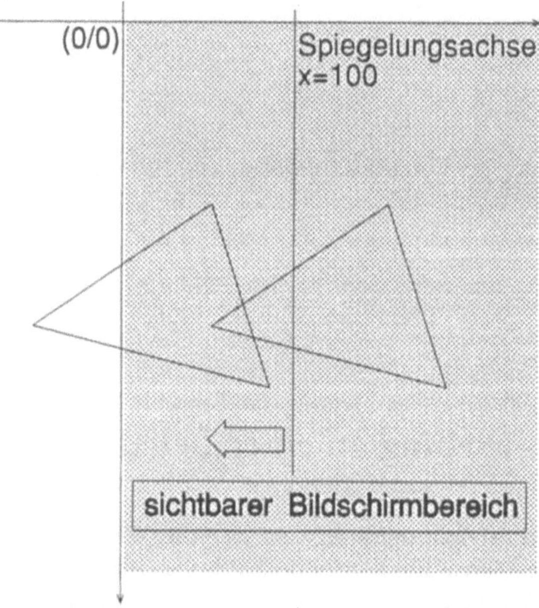

Bild 5-4 *So wird gespiegelt: der 1. Schritt*

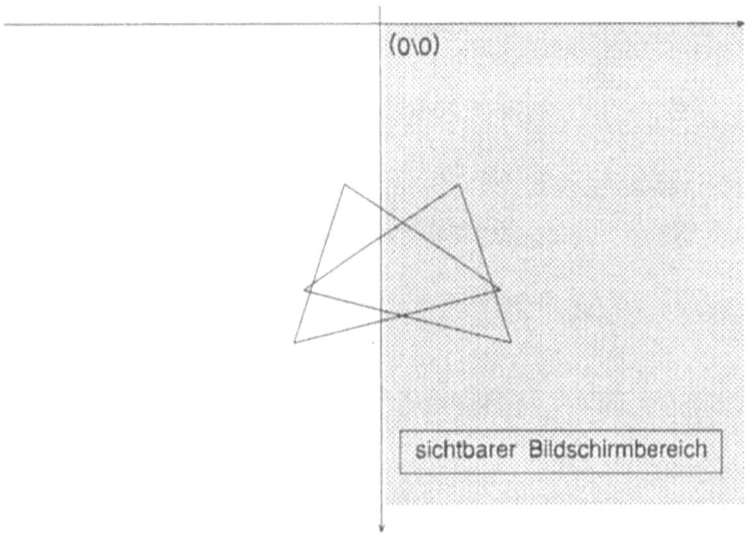

Bild 5-5 *Spiegelung - Teil 2*

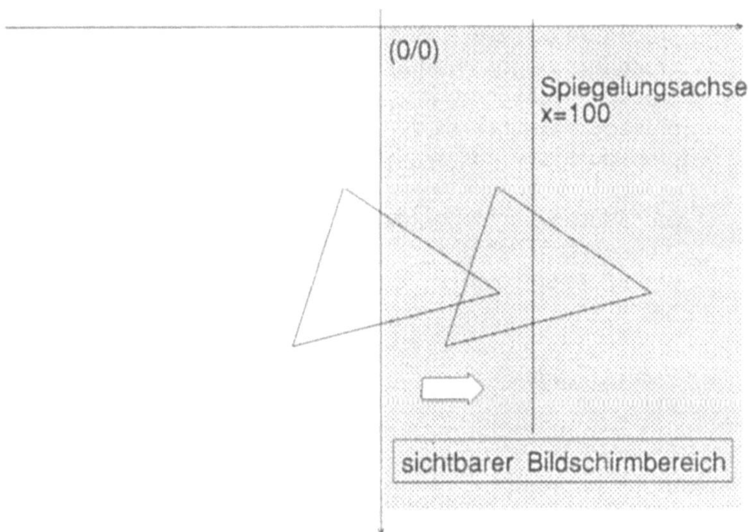

Bild 5-6 *Der letzte Schritt zur Spiegelung*

Das folgende Listing ist schließlich eine Ergänzung, um das bisher bekannte in ein lauffähiges Programm unzusetzen und nicht zuletzt auch dessen Funktion zu testen. Auch die Tastenbelegungen haben sich erweitert. Zu den bisherigen Tasten sind hinzugekommen:

"x"	spiegelt das Objekt an der x-Achse
"y"	spiegelt das Objekt an der y-Achse
"X"	spiegelt das Objekt an der Achse am Bildschirmhorizont
"Y"	spiegelt das Objekt an der Bildschirmmittelsenkrechten

Das folgende Listing führt die Prozeduren im Programmtext aus:

```
PROGRAM definition_der_objekte_und_organisation;

 USES graph,crt;

 TYPE punkt      = OBJECT
                x,
                y    : REAL;

                CONSTRUCTOR init(xwert,ywert : REAL);
                procedure out(VAR xwert,ywert : REAL);
                procedure zeigen; virtual;
                procedure loeschen; virtual;
                procedure addition(dx,dy : REAL); virtual;
                procedure mult(mx,my : REAL); virtual;

                procedure verschieben(dx,dy : REAL); virtual;
                procedure spiegeln_x_achse(ywert : REAL); virtual;
                procedure spiegeln_y_achse(xwert : REAL); virtual;
               END;

      linie      = OBJECT(punkt)
                x1,
                y1   : REAL;

                CONSTRUCTOR init(xwert,ywert,x1wert,y1wert : REAL);
                procedure out(VAR xwert,ywert,x1wert,y1wert : REAL);
                procedure zeigen; virtual;
                procedure addition(dx,dy : REAL); virtual;
                procedure mult(mx,my : REAL); virtual;

                {Prozedur VERSCHIEBEN und SPIEGELN wurden geerbt!}
               END;
```

```
    kreis      = OBJECT(punkt)
                 radius : REAL;

                 CONSTRUCTOR init(xwert,ywert,rad : REAL);
                 procedure out(VAR xwert,ywert,rad : REAL);
                 procedure zeigen; virtual;

                   {Prozeduren ADDITION, VERSCHIEBEN und SPIEGELN von
"punkt" geerbt!}
                END;

    rechteck  = OBJECT(linie)
                 procedure zeigen; virtual;

                 {Restprozeduren von "linie" geerbt!}
                END;

{--------------------------Objekt Punkt------------------------------}

 CONSTRUCTOR punkt.init(xwert,ywert : REAL);

  BEGIN
   x := xwert;
   y := ywert;
  END;

 PROCEDURE punkt.out(VAR xwert,ywert : REAL);

  BEGIN
   xwert := x;
   ywert := y;
  END;

 PROCEDURE punkt.zeigen;

  BEGIN
   putpixel(round(x),round(y),getcolor);
        {Pixel an der Stelle (x,y) mit akt.Zeichenfarbe}
  END;

 PROCEDURE punkt.loeschen;

  VAR altfarbe : WORD;

  BEGIN
```

```
    altfarbe := getcolor;
    setcolor(getbkcolor);
    zeigen;
    setcolor(altfarbe);
  END;

 PROCEDURE punkt.addition(dx,dy : REAL);

  BEGIN
   x := x + dx;
   y := y + dy;
  END;

 PROCEDURE punkt.mult(mx,my : REAL);

  BEGIN
   x := x * mx;
   y := y * my;
  END;

 PROCEDURE punkt.verschieben(dx,dy : REAL);

  BEGIN
   addition(dx,dy);
  END;

 PROCEDURE punkt.spiegeln_x_achse(ywert : REAL);

  BEGIN
   verschieben(0,(-1)*ywert);
   mult(1,-1);
   verschieben(0,ywert);
  END;

 PROCEDURE punkt.spiegeln_y_achse(xwert : REAL);

  BEGIN
   verschieben((-1)*xwert,0);
   mult(-1,1);
   verschieben(xwert,0);
  END;

{--------------------------Objekt Linie----------------------------}

 CONSTRUCTOR linie.init(xwert,ywert,x1wert,y1wert : REAL);
```

```
  BEGIN
    x := xwert;
    y := ywert;
    x1 := x1wert;
    y1 := y1wert;
  END;

PROCEDURE linie.out(VAR xwert,ywert,x1wert,y1wert : REAL);

  BEGIN
    xwert := x;
    ywert := y;
    x1wert := x1;
    y1wert := y1;
  END;

PROCEDURE linie.zeigen;

  BEGIN
    line(round(x),round(y),round(x1),round(y1));
  END;

PROCEDURE linie.addition;

  BEGIN
    x := x + dx;
    y := y + dy;
    x1 := x1 + dx;
    y1 := y1 + dy;
  END;

PROCEDURE linie.mult;

  BEGIN
    x := x * mx;
    y := y * my;
    x1 := x1 * mx;
    y1 := y1 * my;
  END;

{---------------------------Objekt Kreis-------------------------------}

CONSTRUCTOR kreis.init(xwert,ywert,rad : REAL);
```

```
  BEGIN
    x := xwert;
    y := ywert;
    radius := rad;
  END;

 PROCEDURE kreis.out(VAR xwert,ywert,rad : REAL);

  BEGIN
    xwert := x;
    ywert := y;
    rad := radius;
  END;

 PROCEDURE kreis.zeigen;

  BEGIN
    circle(round(x),round(y),round(radius));
  END;

{-------------------------Objekt Rechteck 1-----------------------}

 PROCEDURE rechteck.zeigen;

  BEGIN
    rectangle(round(x),round(y),round(x1),round(y1));
  END;

{--------------------------Hauptprogramm--------------------------}

{ Ab hier stehen alle Verschiebungsprozeduren für die vordefinierten Objekte }
{ zur Verfügung!                                            }
{ Bemerkung : Ausnahmsweise darf die Prozedur "löschen" nicht benutzt wer-
den!}

 VAR
  graphdriver,
  graphmode     : INTEGER;
  xwert,
  ywert         : REAL;
  ch,ch1        : CHAR;
  opunkt        : punkt;
  olinie        : linie;
  orechteck     : rechteck;
  okreis        : kreis;
```

```
BEGIN

 { Anzeigeobjekte vordefinieren }
 okreis.init(120,50,50);
 orechteck.init(100,40,250,110);
 opunkt.init(140,65);
 olinie.init(100,60,150,110);


 { Grafikmodus einschalten }
 graphdriver := detect;
 initgraph(graphdriver,graphmode,'c:\tp\bgi');


 { Arbeitsschleife }
 REPEAT

  { Objekte darstellen }
  cleardevice;
  okreis.zeigen;
  orechteck.zeigen;
  olinie.zeigen;
  opunkt.zeigen;

  ch := readkey;
  case ch of
   'x' : BEGIN
          okreis.spiegeln_x_achse(0);
          orechteck.spiegeln_x_achse(0);
          olinie.spiegeln_x_achse(0);
          opunkt.spiegeln_x_achse(0);
         END;
   'y' : BEGIN
          okreis.spiegeln_y_achse(0);
          orechteck.spiegeln_y_achse(0);
          olinie.spiegeln_y_achse(0);
          opunkt.spiegeln_y_achse(0);
         END;
   'X' : BEGIN
          okreis.spiegeln_x_achse(240);
          orechteck.spiegeln_x_achse(240);
          olinie.spiegeln_x_achse(240);
          opunkt.spiegeln_x_achse(240);
         END;
```

```
    'Y' : BEGIN
            okreis.spiegeln_y_achse(320);
            orechteck.spiegeln_y_achse(320);
            olinie.spiegeln_y_achse(320);
            opunkt.spiegeln_y_achse(320);
          END;
    else write(#7);
   END;
  UNTIL ch=#13;
  closegraph; { zurückkehren zum Text-Modus }
 END.
```

Dehnung an einer Achse

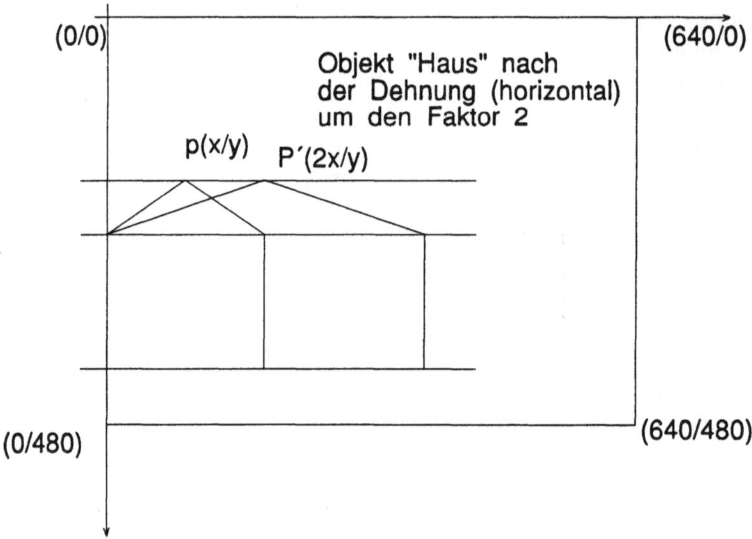

Bild 5-7 *Der Dehnungs-Effekt*

Besonders schöne Effekte erhält man, indem man ein Objekt so verändert, daß es doppelt so breit oder doppelt so hoch erscheint. Diese Form der Veränderung nennt man Dehnung. Betrachten wir jedoch zunächt einmal ein Beispiel: Hier soll das dargestellte Haus auf doppelte Breite gebracht werden.

$$\begin{pmatrix} x' \\ y' \end{pmatrix} = \begin{pmatrix} 2 \cdot x \\ y \end{pmatrix}$$

Es ist einleuchtend, daß sich die x-Koordinaten verändern, während die y-Koordinaten konstant bleiben. Da wir eine Verdopplung der Objektbreite erreichen wollten, verändert sich die x-Koordinate um den Faktor 2. Für alle am Objekt beteiligten Punkte gibt es nun folgende Veränderung:

Angewandt auf die Punkte des Objektes verändern sich alle x-Koordinaten um den Dehnungsfaktor 2.

Vollkommen analog kann man die Dehnung in y-Richtung behandeln. Hier entsteht folgende Umformungsvorschrift:

$$\begin{pmatrix} x' \\ y' \end{pmatrix} = \begin{pmatrix} x \\ 2 \cdot y \end{pmatrix}$$

Dehnung an einer beliebigen Achse

Bisher konnte man mit den Neuberechnungen bei der Dehnungsoperation ein Objekt nur gegenüber einer Koordinatenachse dehnen. Es ist nun letztlich auch nicht zu schwer, bezüglich einer beliebigen Achse zu dehnen. Ähnlich wie bei der Spiegelung sind auch hier drei Schritte notwendig (ausgeführt für eine Parallele zur y-Achse durch die Koordinate x):

- Verschiebung des Objektes um (-x,0)

- konventionelle Dehnung ausführen

- Verschiebung des Objektes um (x,0)

Kombination von Dehnungsmanipulationen

Es ist nun auch nicht weiter schwer, ein Objekt um beliebige Faktoren bezüglich eines beliebigen Punktes zu vergrößern oder zu verkleinern. Diese Art der Veränderung, Skalierung genannt, basiert lediglich auf der Operation Dehnen und arbeitet folgendermaßen:

Nehmen wir an, wir wollten ein Objekt bezüglich des Bezugspunktes (Bx,By) um die Faktoren (Vx,Vy) skalieren. Dann ist so vorzugehen, daß zunächst in x-Richtung an der

Achse durch Bx um den Faktor Vx skaliert wird, als nächstes dann in y-Richtung an der Achse y=By um den Faktor Vy gedehnt wird. Da hier ausnahmsweise die Reihenfolge kommutativ, also gegeneinander austauschbar ist, kann auch etwas "sortierter" vorgegangen werden (komplette Routine):

$$\begin{pmatrix} x' \\ y' \end{pmatrix} = \begin{pmatrix} x - Bx \\ y - By \end{pmatrix}$$

- Verschiebung (Transformation) um (-Bx,-By):

$$\begin{pmatrix} x'' \\ y'' \end{pmatrix} = \begin{pmatrix} x' \cdot Vx \\ y' \cdot Vy \end{pmatrix}$$

- Dehnung an beiden Achsen um die Faktoren (Vx,Vy):

$$\begin{pmatrix} x''' \\ y''' \end{pmatrix} = \begin{pmatrix} x'' + Bx \\ y'' + By \end{pmatrix}$$

- Zurückverschiebung um (Bx,By):

$$\begin{pmatrix} x''' \\ y''' \end{pmatrix} = \begin{pmatrix} x'' + Bx \\ y'' + By \end{pmatrix}$$

Zusammengefaßt ergibt sich folgeldes Formelbild (Die Gesamtmanipulation erfolgt von (x,y) nach (x''',y'''):

$$\begin{pmatrix} x''' \\ y''' \end{pmatrix} = \begin{pmatrix} (x' \cdot Vx) + Bx \\ (y' \cdot Vy) + By \end{pmatrix}$$

Ersetzen von x'', y'' durch einen entsprechenden Ersatzausdruck:

$$\begin{pmatrix} x''' \\ y''' \end{pmatrix} = \begin{pmatrix} ((x - Bx) \cdot Vx) + Bx \\ ((y - By) \cdot Vy) + By \end{pmatrix}$$

Ersetzen von x', y' durch den entsprechenden Ersatzausdruck (**Endformel**):

$$\begin{pmatrix} x''' \\ y''' \end{pmatrix} = \begin{pmatrix} ((x - Bx) \cdot Vx) + Bx \\ ((y - By) \cdot Vy) + By \end{pmatrix}$$

Durch diese doch schon komplexer aussehende Prozedur lassen sich die einzelnen Punkte von Objekten bezüglich eines beliebigen Punktes (Bx,By) um die Faktoren (Vx,Vy) verändern. Das folgende kleine Programm erzeugt zufallsgesteuert eine Linie und skaliert sie nach jedem Tastendruck um Zufallsfaktoren bezüglich der Bildmitte. Sie werden feststellen, daß sich einfache Verkleinerungen auf diese Weise herrlich darstellen lassen. Wählt man eine stetige Verkleinerung, so bekommt man den Eindruck, das Objekt verschwinde im Hintergrund.

```
PROGRAM definition_der_objekte_und_organisation;

USES graph,crt;

TYPE punkt      = OBJECT
                x,
                y    : REAL;

                CONSTRUCTOR init(xwert,ywert : REAL);
                procedure out(VAR xwert,ywert : REAL);
                procedure zeigen; virtual;
                procedure loeschen; virtual;
                procedure addition(dx,dy : REAL); virtual;
                procedure mult(mx,my : REAL); virtual;

                procedure verschieben(dx,dy : REAL); virtual;
                procedure spiegeln_x_achse(ywert : REAL); virtual;
                procedure spiegeln_y_achse(xwert : REAL); virtual;
                procedure skalieren(xwert,ywert,sx,sy : REAL); virtual;
              END;

   linie      = OBJECT(punkt)
                x1,
                y1   : REAL;

                CONSTRUCTOR init(xwert,ywert,x1wert,y1wert : REAL);
                procedure out(VAR xwert,ywert,x1wert,y1wert : REAL);
                procedure zeigen; virtual;
                procedure addition(dx,dy : REAL); virtual;
                procedure mult(mx,my : REAL); virtual;
```

```
              {Prozedur VERSCHIEBEN und SPIEGELN wurden geerbt!}
             END;

   kreis     = OBJECT(punkt)
              radius : REAL;

              CONSTRUCTOR init(xwert,ywert,rad : REAL);
              procedure out(VAR xwert,ywert,rad : REAL);
              procedure zeigen; virtual;

                {Prozeduren ADDITION, VERSCHIEBEN und SPIEGELN von
"punkt" geerbt!}
             END;

   rechteck  = OBJECT(linie)
              procedure zeigen; virtual;

              {Restprozeduren von "linie" geerbt!}
             END;

{------------------------Objekt Punkt---------------------------}

 CONSTRUCTOR punkt.init(xwert,ywert : REAL);

  BEGIN
   x := xwert;
   y := ywert;
  END;

 PROCEDURE punkt.out(VAR xwert,ywert : REAL);

  BEGIN
   xwert := x;
   ywert := y;
  END;

 PROCEDURE punkt.zeigen;

  BEGIN
   putpixel(round(x),round(y),getcolor);
         {Pixel an der Stelle (x,y) mit akt.Zeichenfarbe}
  END;

 PROCEDURE punkt.loeschen;
```

```
 VAR altfarbe : WORD;

 BEGIN
  altfarbe := getcolor;
  setcolor(getbkcolor);
  zeigen;
  setcolor(altfarbe);
 END;

PROCEDURE punkt.addition(dx,dy : REAL);

 BEGIN
  x := x + dx;
  y := y + dy;
 END;

PROCEDURE punkt.mult(mx,my : REAL);

 BEGIN
  x := x * mx;
  y := y * my;
 END;

PROCEDURE punkt.verschieben(dx,dy : REAL);

 BEGIN
  addition(dx,dy);
 END;

PROCEDURE punkt.spiegeln_x_achse(ywert : REAL);

 BEGIN
  verschieben(0,(-1)*ywert);
  mult(1,-1);
  verschieben(0,ywert);
 END;

PROCEDURE punkt.spiegeln_y_achse(xwert : REAL);

 BEGIN
  verschieben((-1)*xwert,0);
  mult(-1,1);
  verschieben(xwert,0);
 END;
```

```
PROCEDURE punkt.skalieren(xwert,ywert,sx,sy : REAL);

  BEGIN
   verschieben((-1)*xwert,(-1)*ywert);
   mult(sx,sy);
   verschieben(xwert,ywert);
  END;

{------------------------Objekt Linie---------------------------}

CONSTRUCTOR linie.init(xwert,ywert,x1wert,y1wert : REAL);

  BEGIN
   x := xwert;
   y := ywert;
   x1 := x1wert;
   y1 := y1wert;
  END;

PROCEDURE linie.out(VAR xwert,ywert,x1wert,y1wert : REAL);

  BEGIN
   xwert := x;
   ywert := y;
   x1wert := x1;
   y1wert := y1;
  END;

PROCEDURE linie.zeigen;

  BEGIN
   line(round(x),round(y),round(x1),round(y1));
  END;

PROCEDURE linie.addition;

  BEGIN
   x := x + dx;
   y := y + dy;
   x1 := x1 + dx;
   y1 := y1 + dy;
  END;

PROCEDURE linie.mult;
```

```
  BEGIN
   x := x * mx;
   y := y * my;
   x1 := x1 * mx;
   y1 := y1 * my;
  END;

{-----------------------Objekt Kreis----------------------------}

 CONSTRUCTOR kreis.init(xwert,ywert,rad : REAL);

  BEGIN
   x := xwert;
   y := ywert;
   radius := rad;
  END;

 PROCEDURE kreis.out(VAR xwert,ywert,rad : REAL);

  BEGIN
   xwert := x;
   ywert := y;
   rad := radius;
  END;

 PROCEDURE kreis.zeigen;

  BEGIN
   circle(round(x),round(y),round(radius));
  END;

{-------------------------Objekt Rechteck 1-----------------------}

 PROCEDURE rechteck.zeigen;

  BEGIN
   rectangle(round(x),round(y),round(x1),round(y1));
  END;

{--------------------------Hauptprogramm--------------------------}

{ Ab hier stehen alle Verschiebungsprozeduren für die vordefinierten Objekte }
{ zur Verfügung!                                                              }
```

```
VAR
 graphdriver,
 graphmode    : INTEGER;
 ch           : CHAR;
 olinie       : linie;

BEGIN
 { Grafikmodus einschalten }
 graphdriver := detect;
 initgraph(graphdriver,graphmode,'c:\tp\bgi');
 REPEAT
  ch := readkey;
  case ch of
   'n' : BEGIN
         olinie.init(random(640),random(480),random(640),random(480));
         cleardevice;
         olinie.zeigen;
        END;
   ' ' : BEGIN
         olinie.loeschen;
         olinie.skalieren(320,175,random*3,random*3);
         olinie.zeigen;
        END;
   #13 : ;
   else write(#7);
  END;
 UNTIL ch=#13;
 closegraph; { zurückkehren zum Text-Modus }
END.
```

Drehung um den Nullpunkt

Nun wird es wieder einmal sehr interessant, es geht um die Drehung eines Objektes. Die Manipulation eines Objektes mittels Drehung hat in sehr vielen Bereichen eine besondere Bedeutung. Anhand dieser Veränderungsroutine kann man Grafiken, Drahtmodelle oder beliebige andere Grafikdaten aus verschiedenen Blickwinkeln betrachten, um dem menschlichen Gehirn zu helfen und dem Betrachter eine genaue Vorstellung eines Objektes zu ermöglichen.

Leider ist bei der grafisch extrem ansprechenden Drehung eine Menge an Theorie notwendig, die wir auch hier nicht umgehen können. Betrachten wir jedoch zunächst einen Punkt, den wir um den Koordinatenursprung, den Punkt mit den Koordinaten (0,0), drehen möchten:

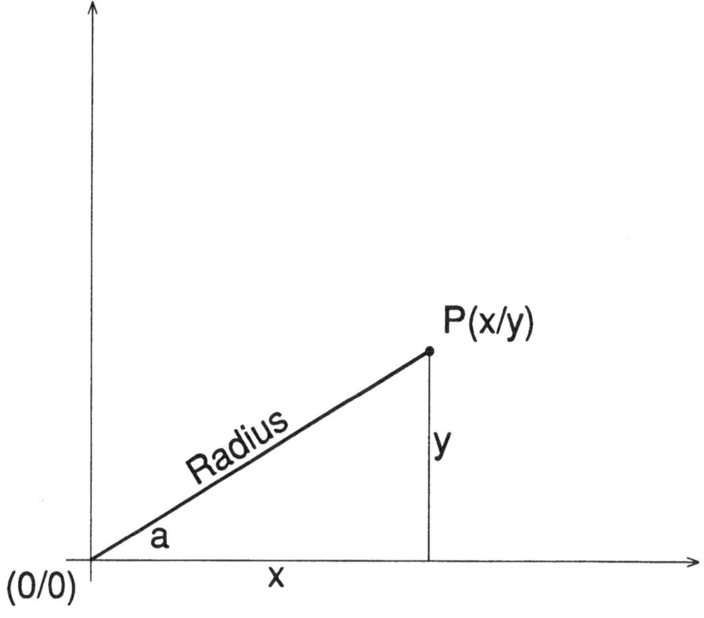

Bild 5-8 *Grundlagen der Punkt-Drehung*

Der gezeigte Punkt zeichnet sich nicht nur, wie bisher bekannt, durch die beiden Koordinaten x und y aus. Er hat darüber hinaus einen bestimmten Abstand zum Drehpunkt, der Dreh-Radius genannt wird. Dargestellt wird er durch die Verbindungslinie zwischen ihm und dem Drehpunkt. Weiterhin schließen die x-Achse und der Radius einen Winkel ein, der den Anfangswinkel (daher wird er a bezeichnet) kennzeichnet. Hat der Punkt also die y-Koordinate 0, so liegt er auf ihr und hat somit den Winkel 0 Grad.

Betrachten wir nun jedoch unsere Drehung. Wir möchten einen beliebigen Punkt (siehe oben) um einen bestimmten Winkel (nennen wir ihn w) drehen. Der ursprüngliche Punkt besaß den Anfangswinkel a, so daß der neue (transformierte) Punkt den Winkel (a+w) gegenüber der x-Achse besitzt. Der Radius beider Punkte, das ist charakteristisch für die Drehung, bleibt konstant. Die Koordinaten des neuen Punktes sind (x,y).

Betrachten Sie bitte die Grafik. Sie liefert die Grundlagen der Drehung. Ich werde mich in den weiteren Ausführungen auf die Bezeichnungen in dieser Grafik beziehen.

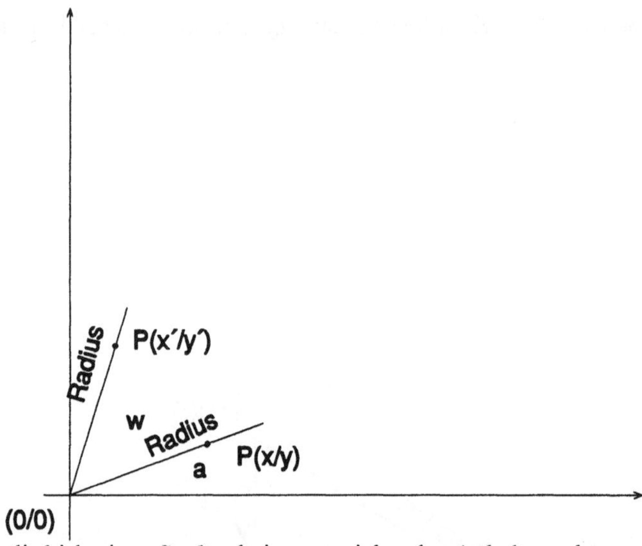

Leider bieten die bisherigen *Studien* keine ausreichenden Anhaltspunkte, um eine Formel aufstellen zu können, die diese Abbildung beschreibt. Auch scheinen die bisher zurechtgelegten Methoden zu versagen. Abhilfe schafft hier eine mathematische Formelsammlung, die für solche Fälle folgendes bereithält:

$$\cos(a+w) = \frac{x'}{r}$$

$$\sin(a+w) = \frac{y'}{r}$$

Auf diesen zugegebenermaßen noch etwas mageren Grundstock können wir aufbauen. Schon nach der ersten Umformung stellt sich der erste Schritt zur Vereinfachung ein. Wir multiplizieren beide Seiten mit dem Radius r, so daß wir auf Brüche verzichten können:

$$x' = r \cdot \cos(a+w)$$

$$y' = r \cdot \sin(a+w)$$

Immer noch bieten uns diese Ausdrücke schier unlösbare Probleme, zumal noch die zwei uns unbekannten Variablen a und r die Formeln verzieren. Es gibt jedoch auch hier Mittel und Wege der Lösung. Hier helfen die sogenannten Additionstheoreme, die neben den Definitionen von sin und cos in der Formelsammlung zu finden sind. Sie sagen über Summen in Winkelfunktionen folgendes aus (hier werden allgemein die Winkel w1 und w2 benutzt):

$$\sin(w_1 + w_2) = \sin w_1 \cdot \cos w_2 + \cos w_1 \cdot \sin w_2$$

$$\cos(w_1 + w_2) = \cos w_1 \cdot \cos w_2 - \sin w_1 \cdot \sin w_2$$

Das nun wieder können wir auf unser Problem anwenden. Ersetzen wir die Winkel w1 durch a und w2 durch w und setzen das in unsere Formel ein, so erhalten wir:

$$x' = r \cdot (\sin a \cdot \cos w + \cos a \cdot \sin w)$$

$$y' = r \cdot (\cos a \cdot \cos w - \sin a \cdot \sin w)$$

Von einer sichtbaren Vereinfachung ist sicherlich noch nicht zu sprechen. Nicht nur, daß keine Variable herausfallen konnte: Die zu Beginn noch vertretbar einfachen Formeln sind zu wahren Formelmonstern geworden.

Von hier nun wieder kommen uns die Definitionen von sin und cos zu Hilfe. Es gibt demnach:

$$\cos a = \frac{x}{r}$$

$$\sin a = \frac{y}{r}$$

Das können wir auch wieder in unsere Formel einsetzen. Dabei geht selbst noch der letzte Rest an Übersichtlichkeit an der Formel verloren. Wir erhalten:

$$x' = r \cdot \left(\frac{x}{r} \cdot \cos w - \frac{y}{r} \cdot \sin w \right)$$

$$y' = r \cdot \left(\frac{y}{r} \cdot \cos w + \frac{x}{r} \cdot \sin w \right)$$

Nun haben wir es also geschafft, die Variable a, den Anfangswinkel des Punktes (x,y) in der Formel zu eliminieren. Es geht jedoch weiter. Denn wenn wir die großen Klammern auflösen und den Vorfaktor r ausmultiplizieren, so stellen wir fest, daß das r sich überall mit einem Bruch-Nenner-r wegkürzt. Wir erhalten dann folgendes (meist erst im fünften Versuch):

$$x' = x \cdot \cos w - y \cdot \sin w$$

$$y' = y \cdot \cos w + x \cdot \sin w$$

Angepaßt auf das hier eingeführte Format der vektoriellen Darstellung ergibt sich nach der reinen Umschreibarbeit:

$$\begin{pmatrix} x' \\ y' \end{pmatrix} = \begin{pmatrix} x \cdot \cos w - y \cdot \sin w \\ y \cdot \cos w + x \cdot \sin w \end{pmatrix}$$

Vor lauter Freude über das endlich erreichte Ziel sollte man nun folgendes nicht vergessen: Wir haben stillschweigend vorausgesetzt, daß der Radius r nicht gleich 0 wird. Wäre dies doch der Fall, so würde bereits in der Definition der Winkelfunktionen eine Null im Nenner stehen, womit der Bruch undefiniert wäre. Dabei wären alle nachfolgenden Formeln für diesen Sonderfall ungültig.

Da aber bei dem Fall r=0 der Punkt selbst ja nicht gedreht wird, reicht eine einfache Abfrage in der Prozedur aus, die prüft, ob der zu drehende Punkt die Koordinaten (0,0) besitzt. Aber nachdem *zufällig* die errechnete Formel auch für diesen Fall das richtige Ergebnis liefert, nämlich (0,0), kann auch ganz unmathematisch darüber hinweg gesehen werden und die Formel ohne Einschränkungen angewandt werden.

Das Ergebnis dieser "mathematischen Kniebeugen" kann sich sehen lassen:

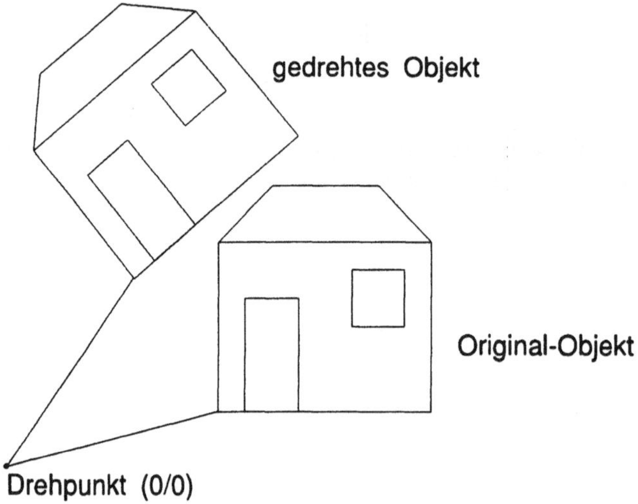

Bild 5-9 *Das Ergebnis - Das gedrehte Haus...*

Die ganz Skeptischen werden sicherlich schon zum nächsten erreichbaren Taschenrechner gegriffen und die Formeln überprüft haben. Erschrecken Sie jedoch bitte nicht, wenn nicht das gewünschte Ergebnis im Anzeigedisplay erscheint. Die Gradangaben des Drehwinkels beziehen sich nicht, wie Sie es vielleicht gewohnt sind, auf Grad (Anzeige "DEG"), sondern auf das entsprechende Bogenmaß. Dabei hat ein Vollkreis den Winkel 2* 3.14. Um die richtige Berechnung durchzuführen, muß zuerst der Taschenrechner in diesen Modus geschaltet werden. Es muß dann "RAD" im Anzeigefeld erscheinen. Außerdem müssen Sie alle Gradangeben umrechnen:

"DEG"	"RAD"
360	2*3.14
180	1*3.14
90	3.14
1	$\frac{1}{180}$*3.14
43.21	$\frac{43.21}{180}$*3.14

Besonders das letzte Beispiel zeigt, wie einfach die beiden verwandten, aber vollkommen verschiedenen Werte umgerechnet werden. Da eine solche Umrechnung häufiger erfolgen muß, ist die Definition einer eigenen Prozedur (besser noch einer Funktion) hier sinnvoll. Sie finden eine solche im Beispielprogramm. Es ist hier noch zu erwähnen, daß selbstverständlich der Computer auch mit den "RAD"-Angaben arbeitet. Dieser kleine Exkurs ist also nicht ganz ohne einen Hintergedanken eingeschoben worden.

Das folgende Programm setzt noch einmal die neue Operation in die Praxis um. Es erzeugt das Haus aus der Abbildung. Die Bedienung erfolgt durch folgende Tasten:

"+"	dreht das Objekt um +5 Grad (nach links)
"-"	dreht das Objekt um -5 Grad (nach rechts)
RETURN	beendet das Programm

```
PROGRAM definition_der_objekte_und_organisation;

 USES graph,crt;
```

```
TYPE punkt    = OBJECT
          x,
          y   : REAL;

          CONSTRUCTOR init(xwert,ywert : REAL);
          procedure out(VAR xwert,ywert : REAL);
          procedure zeigen; virtual;
          procedure loeschen; virtual;
          procedure addition(dx,dy : REAL); virtual;
          procedure mult(mx,my : REAL); virtual;

          procedure verschieben(dx,dy : REAL); virtual;
          procedure spiegeln_x_achse(ywert : REAL); virtual;
          procedure spiegeln_y_achse(xwert : REAL); virtual;
          procedure skalieren(xwert,ywert,sx,sy : REAL); virtual;
          procedure drehen(winkel : REAL); virtual;
         END;

  linie    = OBJECT(punkt)
          x1,
          y1  : REAL;

          CONSTRUCTOR init(xwert,ywert,x1wert,y1wert : REAL);
          procedure out(VAR xwert,ywert,x1wert,y1wert : REAL);
          procedure zeigen; virtual;
          procedure addition(dx,dy : REAL); virtual;
          procedure mult(mx,my : REAL); virtual;
          procedure drehen(winkel : REAL); virtual;
         END;

  kreis    = OBJECT(punkt)
          radius : REAL;

          CONSTRUCTOR init(xwert,ywert,rad : REAL);
          procedure out(VAR xwert,ywert,rad : REAL);
          procedure zeigen; virtual;
         END;

  rechteck  = OBJECT(linie)
          procedure zeigen; virtual;
         END;

{------------------------Objekt Punkt----------------------------}

CONSTRUCTOR punkt.init(xwert,ywert : REAL);
```

```
  BEGIN
   x := xwert;
   y := ywert;
  END;

PROCEDURE punkt.out(VAR xwert,ywert : REAL);

  BEGIN
   xwert := x;
   ywert := y;
  END;

PROCEDURE punkt.zeigen;

  BEGIN
   putpixel(round(x),round(y),getcolor);
        {Pixel an der Stelle (x,y) mit akt.Zeichenfarbe}
  END;

PROCEDURE punkt.loeschen;

  VAR altfarbe : WORD;

  BEGIN
   altfarbe := getcolor;
   setcolor(getbkcolor);
   zeigen;
   setcolor(altfarbe);
  END;

PROCEDURE punkt.addition(dx,dy : REAL);

  BEGIN
   x := x + dx;
   y := y + dy;
  END;

PROCEDURE punkt.mult(mx,my : REAL);

  BEGIN
   x := x * mx;
   y := y * my;
  END;
```

```
PROCEDURE punkt.verschieben(dx,dy : REAL);

  BEGIN
   addition(dx,dy);
  END;

PROCEDURE punkt.spiegeln_x_achse(ywert : REAL);

  BEGIN
   verschieben(0,(-1)*ywert);
   mult(1,-1);
   verschieben(0,ywert);
  END;

PROCEDURE punkt.spiegeln_y_achse(xwert : REAL);

  BEGIN
   verschieben((-1)*xwert,0);
   mult(-1,1);
   verschieben(xwert,0);
  END;

PROCEDURE punkt.skalieren(xwert,ywert,sx,sy : REAL);

  BEGIN
   verschieben((-1)*xwert,(-1)*ywert);
   mult(sx,sy);
   verschieben(xwert,ywert);
  END;

PROCEDURE punkt.drehen(winkel : REAL);

  VAR x_neu,y_neu : REAL;

  BEGIN
   winkel := winkel * pi / 180; {DEG nach RAD}
   x_neu := (x*cos(winkel)) - (y*sin(winkel));
   y_neu := (y*cos(winkel)) + (x*sin(winkel));
   x := x_neu;
   y := y_neu;
  END;

{-------------------------Objekt Linie----------------------------}

CONSTRUCTOR linie.init(xwert,ywert,x1wert,y1wert : REAL);
```

```
 BEGIN
  x := xwert;
  y := ywert;
  x1 := x1wert;
  y1 := y1wert;
 END;

PROCEDURE linie.out(VAR xwert,ywert,x1wert,y1wert : REAL);

 BEGIN
  xwert := x;
  ywert := y;
  x1wert := x1;
  y1wert := y1;
 END;

PROCEDURE linie.zeigen;

 BEGIN
  line(round(x),round(y),round(x1),round(y1));
 END;

PROCEDURE linie.addition;

 BEGIN
  x := x + dx;
  y := y + dy;
  x1 := x1 + dx;
  y1 := y1 + dy;
 END;

PROCEDURE linie.mult;

 BEGIN
  x := x * mx;
  y := y * my;
  x1 := x1 * mx;
  y1 := y1 * my;
 END;

PROCEDURE linie.drehen;

 VAR x_neu,y_neu,x1_neu,y1_neu : REAL;
```

```
  BEGIN
   winkel := winkel * pi / 180; {DEG nach RAD}
   x_neu := (x*cos(winkel))-(y*sin(winkel));
   y_neu := (y*cos(winkel))+(x*sin(winkel));
   x1_neu := (x1*cos(winkel))-(y1*sin(winkel));
   y1_neu := (y1*cos(winkel))+(x1*sin(winkel));
   x := x_neu;
   y := y_neu;
   x1 := x1_neu;
   y1 := y1_neu;
  END;

{-------------------------Objekt Kreis----------------------------}

 CONSTRUCTOR kreis.init(xwert,ywert,rad : REAL);

  BEGIN
   x := xwert;
   y := ywert;
   radius := rad;
  END;

 PROCEDURE kreis.out(VAR xwert,ywert,rad : REAL);

  BEGIN
   xwert := x;
   ywert := y;
   rad := radius;
  END;

 PROCEDURE kreis.zeigen;

  BEGIN
   circle(round(x),round(y),round(radius));
  END;

{-------------------------Objekt Rechteck 1-----------------------}

 { Achtung: Dieses Rechteck läßt sich nicht (!!!) drehen !}

 PROCEDURE rechteck.zeigen;

  BEGIN
   rectangle(round(x),round(y),round(x1),round(y1));
  END;
```

```
{------------------------Hauptprogramm------------------------}

{ Ab hier stehen alle Verschiebungsprozeduren für die vordefinierten Objekte }
{ zur Verfügung!                                                  }

VAR
  graphdriver,
  graphmode    : INTEGER;
  ch           : CHAR;
  i            : 1..6;
  l            : array[1..6] of linie;

BEGIN
  { Grafikmodus einschalten }
  graphdriver := detect;
  initgraph(graphdriver,graphmode,'c:\tp\bgi');

  {Objekte definieren}
  l[1].init(320,100,320,180);
  l[2].init(320,180,380,180);
  l[3].init(380,180,380,100);
  l[4].init(380,100,320,100);
  l[5].init(320,100,350,70);
  l[6].init(350,70,380,100);


  REPEAT
    cleardevice;
    for i:=1 to 6 do l[i].zeigen;
    ch := readkey;
    case ch of
      '+' : for i:=1 to 6 do l[i].drehen(-5);
      '-' : for i:=1 to 6 do l[i].drehen(5);
      #13 : ;
      else write(#7);
    END;
  UNTIL ch=#13;
  closegraph; { zurückkehren zum Text-Modus }
END.
```

Drehung um einen beliebigen Punkt:

Ab hier kann wieder nach dem altbekannten Schema vorgegangen werden. Auch bei der Drehung besteht die Erweiterung der Drehung um einen beliebigen Punkt aus drei Einzelteilen: Zunächst wird jeder zu drehende Punkt auf den Nullpunkt verschoben, dann gedreht und schließlich wieder zurückgeschoben.

Es ist nun sicherlich nicht sinnvoll, schon wieder ein platzraubendes Beispielprogramm zu liefern. Viel sinnvoller ist es, auch einmal Sie als Leser zu fordern. Das ist außerdem sinnvoll, damit Sie eine gewisse Selbstkontrolle haben und das bisher Erlernte in die Praxis umsetzen können. Seien Sie sicher: Der Erfolg, den Sie dabei haben werden, wirkt nach der vielen Mathematik der Drehung wie eine erfrischende kalte Dusche. Hier nun die genaue Aufgabenstellung:

Aufgabe:

Erweitern Sie das Beispielprogramm zur Drehung, indem Sie eine Prozedur schreiben, mit deren Hilfe man verschiedene Objekte um einen beliebigen Punkt drehen kann.

Kapitel 6

Aufbau einer 2D-Animation

Ein neuer Datentyp

Jetzt geht es zur Sache! Jetzt kommt endlich einmal richtig Bewegung in den mehr oder weniger chaotischen Formularwald. Doch zunächst sind (wie immer) die "Hausaufgaben zu machen".

Ein wesentlicher Gesichtspunkt der Grafikanimation ist "***Die Beschränkung auf das Wesentliche***". Das bedeutet, daß ein neuer (wenn auch nicht völlig neuer) Datentyp gefunden werden muß, der sich am besten für solche Aufgaben eignet. Falsch wäre es, die bis hierhin gefundenen Datentypen weiterzubenutzen, da sehr viele und sehr unterschiedliche Typen sicherlich nur schwer zu einem größeren Objekt zusammengefaßt werden können. Die dadurch entstehenden Probleme der Neuberechnung von Daten sind zwar einfach zu bewältigen, doch sie kosten durch die vielen Unterscheidungsoperationen (welcher Objekttyp jetzt neuberechnet werden muß) wertvolle Rechenzeit, die bei einem PC oder auch AT nicht gerade üppig bemessen ist. Es stellt sich doch leider immer wieder heraus, daß der PC eben kein ausgesprochender Animationsrechner ist, sondern eine leistungsfähige Arbeitsstation mit guten Darstellungsfähigkeiten im Bereich der stehenden Grafik (Geschäftsgrafik oder Präsentationsgrafik).

Bei der Findung eines neuen Datentypes sollte folgendes bedacht werden. Es muß zwischen verschiedenen Arten der Datenspeicherung unterschieden werden.

Eine Methode legt die Daten in einem eigens dafür bestimmten Feld ab, dem sogenannten "Stack". Dieser ist leider unter Borland Pascal auf 64 KB beschränkt, so daß wir bei größeren Objekten schnell an die Speichergrenzen stoßen würden.

Die andere Art ist die sogenannte "Dynamische Speicherung". Dabei werden die Daten an eine beliebige freie Stelle im Speicher abgelegt, wobei der gesamte Speicherplatz des Computers zur Verfügung steht. Zeigerwerte merken sich lediglich die Stellen (Adressen), an denen die Daten abgelegt wurden. Diese Möglichkeit scheint hier die sinnvollste zu sein, ermöglicht sie doch die Animation komplexerer Gebilde.

Dazu gibt es eine Struktur, die einer Liste ähnelt und ebenso heißt. Betrachten wir jedoch zunächst die Grafik:

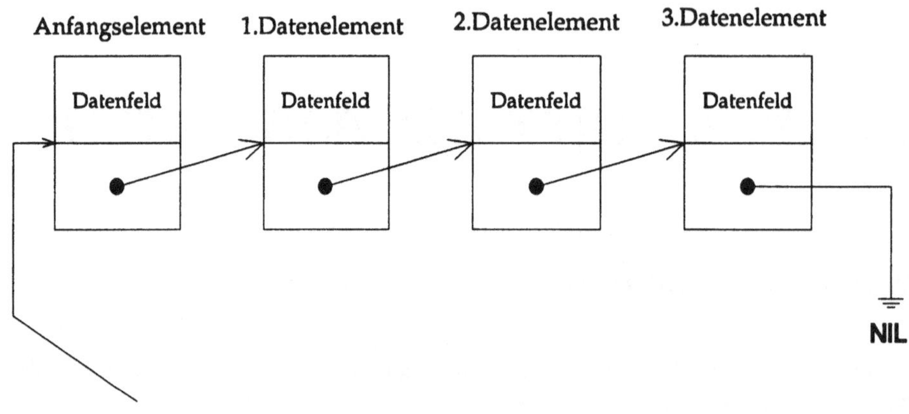

Bild 6-1 *Die Listenstruktur anschaulich*

Hier besteht jedes Element nicht ausschließlich aus Daten wie bisher, sondern auch aus einem Zeiger, der auf das jeweils nachfolgende Element zeigt. Der Zeiger des letzten Elementes, welches schließlich keinen Nachfolger hat, zeigt auf einen Nichteintrag (NIL=Not In List) und signalisiert der Leseprozedur ein Listenende.

Der Vorteil dieser Listen liegt auf der Hand: Im knapp bemessenen Stack wird für jedes Objekt nur der Anfangszeiger gespeichert, die anderen Zeiger (und seien es noch so viele) liegen zusammen mit den Daten im Restspeicher (Heap) und können problemlos abgerufen werden. Ganz nebenbei ist die Arbeitsgeschwindigkeit der Listenprozedur noch sehr viel höher als bei reiner Stackspeicherung, da die Speicherverwaltung des Stacks nicht bedient werden muß.

Ein weiteres Problem ist das Datenfeld. Es ist nun nicht so einfach, ein passendes grafisches Element für alle Fälle zu finden. Zu Hilfe kommt hier die Seitenbeschreibungssprache Postscript, an deren Konzept ich mich im weiteren leicht anlehne. Die Speicherung von grafischen Elementen (besonders Schriften) ist in Postscript folgendermaßen gelöst:

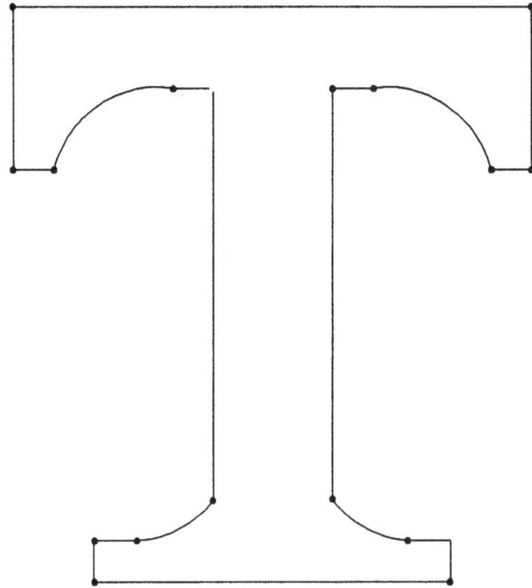

Bild 6-2 *Ein T besteht nur aus Linien & Bögen*

Hier werden wesentliche Punkte markiert, die den Umriß der Figur in kleine Abschnitte unterteilen. Die einzelnen Abschnitte bestehen hier entweder aus Linien oder aus Kreisbögen. Allein dadurch kann man beliebige Buchstaben, aber auch andere Formen beschreiben.

Es ist Tatsache, daß alles, was in der Technik benötigt wird, durch Linien und Kreisbögen beschrieben werden kann. Alle anderen Formen, z.B. unregelmäßige Formen, lassen sich auch durch andere grafische Elemente darstellen. Schließlich haben wir auch schon zu Anfang gesehen, wie verwandt doch die Formen untereinander sind. Bekannte Grafikprogramme benutzen heute ebenfalls diese Methode als Grundprinzip.

Es bietet sich also ein Datentyp an, der zweigeteilt ist und beide Typen definieren kann:

```
TYPE
 tart = (linie,kreis);

 grafikelement = OBJECT
            art : tart;
            x,
            y,
            x1,          { x1 beinhaltet bei "KREIS" den Radius }
```

```
                y1  : REAL;        { y1 ist bei "KREIS" eine Dummy-Variable }
              END;

{ Beispiel für einen Datentyp mit unterschiedlicher Bedeutung }
{ Die Bedeutung von x1 hängt bei der Abarbeitung von "art" ab }
```

Auf dieser Basis kann unsere Listenstruktur definiert werden:

```
TYPE
 tart = (linie,kreis);

 grafikelement = OBJECT
                art : tart;
                x,
                y,
                x1,             { x1 beinhaltet bei "KREIS" den Radius }
                y1  : REAL;        { y1 ist bei "KREIS" eine Dummy-Variable }
              END;

{ Beispiel für einen Datentyp mit unterschiedlicher Bedeutung }
{ Die Bedeutung von x1 hängt bei der Abarbeitung von "art" ab }

  tzeiger  = ^telement;

  telement  = RECORD
              inhalt : grafikelement;
              next   : tzeiger;
             END;

  c_liste   = RECORD
              anfang,
              aktuell : tzeiger;
             END;
```

Ein solcher Datentyp ist relativ einfach zu handhaben und hat ganz nebenbei den entscheidenden Vorteil, daß auch größere Objekte in Speicher abgelegt und manipuliert werden können, ohne den leider sehr stark begrenzten Stack-Speicher zu belasten.

Basierend auf dem Grundelement "Linie" können nahezu alle beliebigen Formen erzeugt werden. Einige Abstriche müssen allerdings bei Kreisbögen gemacht werden; hier kann leider nur angenähert werden, doch ein durch den Rechner erzeugtes regelmäßiges-n-Eck ist normalerweise auf dem Bildschirm nicht mehr von einem Kreis zu unterscheiden. Das funktioniert um so besser, je mehr Eckpunkte gewählt werden.

Bild 6-3 *Der Kreis ist auch so definierbar*

Wählen wir also noch mehr als 7 Eckpunkte, wie im Beispiel, so werden die kleinen Flächen zwischen Kreis und den Kanten beliebig klein. Schließlich lassen sich nicht ausschließlich Kreise auf diese Weise beschreiben. So gibt es Strömungsberechnungen an Fahrzeugen, die allein im Computer vorgenommen werden. Das Objekt ist in der Industrie häufig ein digitalisiertes Untersuchungsobjekt (z.B. ein Auto), welches in unzählige kleine Flächen aufgeteilt ist. Diese Flächen werden auf Grund ihrer geringen Größe durch Linien begrenzt. Das dargestellte Auto gleicht einem Modell aus Bindfäden oder Draht: Man nennt diese Darstellungsart auch **"Drahtmodell"**. Mit dieser Art der Darstellung werden wir uns auch im weiteren beschäftigen. Sie werden also sehen, daß die eingeführte Listenstruktur prädestiniert hierfür ist.

Welche Organisationsroutinen benötigen wir zum Verwalten der Listenstruktur:

Leere Liste anlegen

Um zu Beginn ein neues Objekt anzulegen, benötigen wir eine Prozedur, die eine leere Liste anlegt. Das ist notwendig, da im Gegensatz zum Stack-Speicher die Speicherung mittels einer Liste erst jetzt, also zur Laufzeit des Programmes den notwendigen Speicher zur Verfügung stellt. Diese Prozedur legt einen Anfangszeiger auf den Anfang der Liste, welche noch keine Datenelemente besitzt.

Element einfügen

Um eine neue Linie, also ein neues Datenfeld, in das Objekt einzufügen, muß hinter dem letzten gültigen Zeiger ein weiteres Element angelegt werden. Dieses bekommt den neuen Inhalt zugewiesen.

Element löschen

Was ist jedoch zu tun, wenn versehentlich eine falsche Linie (ein falsches Element) gespeichert wurde? Es muß eine Prozedur her, die die Löschung eines einzelnen Elementes übernimmt und den dadurch belegten Speicher wieder freigibt. Unproblematisch ist es, wenn das zu löschende Element ausgerechnet am Listenende steht, denn hier ist lediglich der vorletzte Zeiger auf das Element auf NIL zu setzen. Etwas schwieriger ist es dann schon, ein Element mitten in der Liste zu löschen. Schließlich müssen die nachfolgenden Listenteile immer noch zugriffsbereit sein.

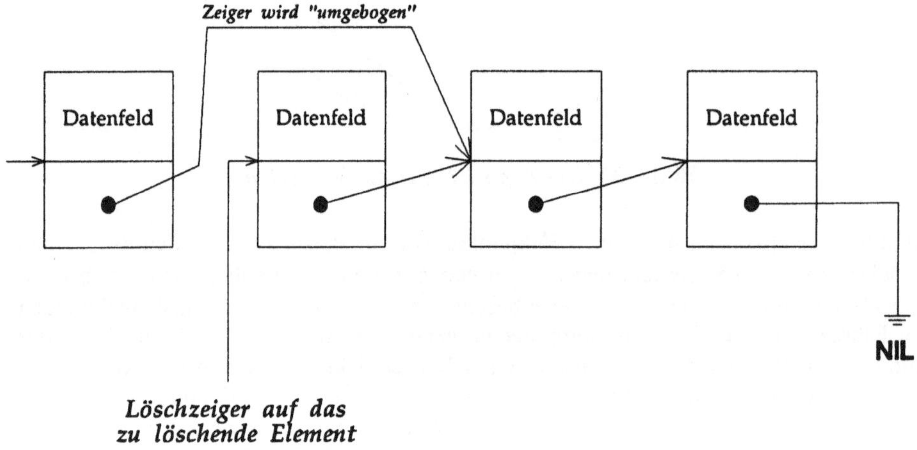

Bild 6-4 *So werden die Zeiger umgebogen*

Der Vorgang ist etwas komplexer: Zunächst muß auf das zu löschende Element ein weiterer Zeiger gelegt werden, der später die Löschung von HEAP übernimmt. Er wird hier einfach "Löschzeiger" genannt. Der Zeiger vom Vorgänger-Listenelement muß nun auf den Rest der Liste zeigen, er wird also *umgebogen*. Um nun den belegten Speicher wieder freizugeben, muß der Zeiger mitsamt Datenelement entfernt werden. Erst jetzt wird der benutzte Speicher wieder vollständig freigegeben.

Lesezeiger bewegen

Zu dem Anfangszeiger benötigen wir auch noch einen Zeiger, der auf ein aktuelles Element zeigt, welches bearbeitet, also gelesen, verändert, gelöscht,... werden soll. In der Prozedur "leere Liste anlegen" wird zusätzlich zu dem Listenanfangszeiger noch ein Aktuell-Zeiger angelegt. Wollen wir diesen nun um genau ein Element weiterbewegen, so ist dieser lediglich auf den Zeiger auf das Nachfolgerelement zu *verbiegen*.

Lesezeiger zurücksetzen

Um die ganze Liste auszulesen, muß gelegentlich auch der Lesezeiger auf das erste Element gesetzt werden. Es werden hierzu die bekannten Verbiege-Operationen benutzt.

Prüfung auf Listenende

Eine wichtige Aufgabe kommt dieser Funktion zu. Sie verhindert, daß der Aktuell-Zeiger über das Listenende hinaus weitergesetzt wird. Das Ergebnis wäre totaler Speichermüll, an einen selbsttätigen Abbruch ist nicht zu denken. Hier wird also geprüft, ob der Zeiger des aktuellen Elementes auf NIL zeigt. Dieser Wert wird als Wahrheitswert übergeben. Steht der Zeiger also am Listenende, so wird TRUE, also "wahr" übergeben.

Listenelement lesen/schreiben/verändern

Diese Grundoperationen sind so einfach, daß sich jede Erklärung erübrigt. Beachten Sie bitte das Listing unten, es erklärt sich von selbst.

```
TYPE
  c_linie    = object
               x1,
               y1,
               x2,
               y2     : REAL;

               PROCEDURE init(x_start,y_start,x_ende,y_ende : REAL);
              END;

  tinhalt  = c_linie;

  tzeiger   = ^telement;

  telement = RECORD
              inhalt : tinhalt;
              next   : tzeiger;
```

```
        END;

  c_liste   = object
            anfang,
            aktuell : tzeiger;

            FUNCTION leer : BOOLEAN;
            FUNCTION ende : BOOLEAN;
            PROCEDURE init;
            PROCEDURE einfuegen(element : tinhalt);
            PROCEDURE veraendern(element : tinhalt);
            PROCEDURE loeschen;
            PROCEDURE lesen(VAR element : tinhalt);
            PROCEDURE weiter;
            PROCEDURE zurueck;
           END;

{-----------------------------------------------------------------}

 IMPLEMENTATION

  PROCEDURE c_linie.init(x_start,y_start,x_ende,y_ende : REAL);

   BEGIN
    x1 := x_start;
    y1 := y_start;
    x2 := x_ende;
    y2 := y_ende;
   END;

{-----------------------------------------------------------------}

  FUNCTION c_liste.leer : BOOLEAN;

   BEGIN
    leer := (anfang^.next = nil);
   END;

  FUNCTION c_liste.ende : BOOLEAN;

   BEGIN
    ende := (aktuell^.next = nil);
   END;

  PROCEDURE c_liste.init;
```

```
  VAR dummy : tzeiger;

  BEGIN
   new(dummy);
   anfang := dummy;
   aktuell := dummy;
   dummy^.next := nil;
  END;

PROCEDURE c_liste.einfuegen(element : tinhalt);

  VAR hilfzeiger : tzeiger;

  BEGIN
   new(hilfzeiger);
   hilfzeiger^.next := aktuell^.next;
   aktuell^.next := hilfzeiger;
   hilfzeiger^.inhalt := element;
  END;

PROCEDURE c_liste.loeschen;

  VAR hilfzeiger : tzeiger;

  BEGIN
   hilfzeiger := aktuell^.next;
   aktuell^.next := aktuell^.next^.next;
   dispose(hilfzeiger);
  END;

PROCEDURE c_liste.veraendern(element : tinhalt);

  BEGIN
   aktuell^.next^.inhalt := element;
  END;

PROCEDURE c_liste.lesen(VAR element : tinhalt);

  BEGIN
   element := aktuell^.next^.inhalt;
  END;

PROCEDURE c_liste.weiter;
```

```
    BEGIN
      aktuell := aktuell^.next;
    END;

  PROCEDURE c_liste.zurueck;

    BEGIN
      aktuell := anfang;
    END;

{--------------------------------------------------------}

BEGIN
END.
```

Jetzt kommt Bewegung ins Spiel: Die Manipulationsroutinen

Überlegen wir uns jetzt, welche Operationen zur Darstellung von Bewegungsabläufen benötigt werden:

Verschiebung (einfache Transformation)

Verschiebung eines Objektes in beliebige Richtungen in beliebiger Geschwindigkeit.

Skalierungen (Streckungen und Stauchungen)

Vergrößerungen und Verkleinerungen eines Objektes bezüglich eines Punktes. Damit kann auch schon mit zwei Dimensionen eine gewisse räumliche Tiefe erzeugt werden, doch dazu später.

Drehungen um beliebige Punkte

... sind wohl die effektvollsten Manipulationen und sollten auch hier auf keinen Fall fehlen.

Das alles kann mit den gesammelten Erfahrungen früherer Kapitel mittels eines Listings auf folgenden Nenner gebracht werden:

```
{ Sammlung aller notwendigen Grafikroutinen zur 2D-Animation }


PROCEDURE c_linie.init(x_start,y_start,x_ende,y_ende : REAL);

 BEGIN
  x1 := x_start;
  y1 := y_start;
  x2 := x_ende;
  y2 := y_ende;
 END;

PROCEDURE c_linie.verschieben(dx,dy : REAL);

 BEGIN
  x1 := x1 + dx;
  y1 := y1 + dy;
  x2 := x2 + dx;
  y2 := y2 + dy;
 END;

PROCEDURE c_linie.spiegeln_x(x_achse : REAL);

 BEGIN
  verschieben((-1)*x_achse,0);
  x1 := (-1) * x1;
  x2 := (-1) * x2;
  verschieben(x_achse,0);
 END;

PROCEDURE c_linie.spiegeln_y(y_achse : REAL);

 BEGIN
  verschieben(0,(-1)*y_achse);
  y1 := (-1) * y1;
  y2 := (-1) * y2;
  verschieben(0,y_achse);
 END;

PROCEDURE c_linie.dehnen(x,y,x_faktor,y_faktor : REAL);

 BEGIN
  verschieben((-1)*x,(-1)*y);
  x1 := x1 * x_faktor;
  y1 := y1 * y_faktor;
```

```
    x2 := x2 * x_faktor;
    y2 := y2 * y_faktor;
    verschieben(x,y);
   END;

 PROCEDURE c_linie.drehen(x,y,winkel : REAL);

  VAR x1_neu,y1_neu,x2_neu,y2_neu : REAL;

  PROCEDURE deg2rad(VAR winkel : REAL);

   BEGIN
    winkel := (winkel/180)*pi;
   END;

  BEGIN
   verschieben((-1)*x,(-1)*y);
   deg2rad(winkel);

   x1_neu := (x1*cos(winkel)) - (y1*sin(winkel));
   y1_neu := (y1*cos(winkel)) + (x1*sin(winkel));
   x2_neu := (x2*cos(winkel)) - (y2*sin(winkel));
   y2_neu := (y2*cos(winkel)) + (x2*sin(winkel));

   x1 := x1_neu;
   x2 := x2_neu;
   y1 := y1_neu;
   y2 := y2_neu;

   verschieben(x,y);
  END;

{------------------------------------------------------------------}

 FUNCTION c_liste.leer : BOOLEAN;

  BEGIN
   leer := (anfang^.next = nil);
  END;

 FUNCTION c_liste.ende : BOOLEAN;

  BEGIN
   ende := (aktuell^.next = nil);
  END;
```

```
PROCEDURE c_liste.init;

  VAR dummy : tzeiger;

  BEGIN
    new(dummy);
    anfang := dummy;
    aktuell := dummy;
    dummy^.next := nil;
  END;

PROCEDURE c_liste.einfuegen(element : tinhalt);

  VAR hilfzeiger : tzeiger;

  BEGIN
    new(hilfzeiger);
    hilfzeiger^.next := aktuell^.next;
    aktuell^.next := hilfzeiger;
    hilfzeiger^.inhalt := element;
  END;

PROCEDURE c_liste.loeschen;

  VAR hilfzeiger : tzeiger;

  BEGIN
    hilfzeiger := aktuell^.next;
    aktuell^.next := aktuell^.next^.next;
    dispose(hilfzeiger);
  END;

PROCEDURE c_liste.veraendern(element : tinhalt);

  BEGIN
    aktuell^.next^.inhalt := element;
  END;

PROCEDURE c_liste.lesen(VAR element : tinhalt);

  BEGIN
    element := aktuell^.next^.inhalt;
  END;
```

```
PROCEDURE c_liste.weiter;

  BEGIN
    aktuell := aktuell^.next;
  END;

PROCEDURE c_liste.zurueck;

  BEGIN
    aktuell := anfang;
  END;

PROCEDURE c_liste.zeigen;

  VAR linie : c_linie;

  BEGIN
    cleardevice;
    zurueck;
    WHILE not ende DO BEGIN
      lesen(linie);
      line(round(linie.x1),round(linie.y1),round(linie.x2),
           round(linie.y2));
      weiter;
    END;
  END;

PROCEDURE c_liste.verschieben(dx,dy : REAL);

  VAR element : tinhalt;

  BEGIN
    zurueck;
    WHILE not ende DO BEGIN
      lesen(element);
      element.verschieben(dx,dy);
      veraendern(element);
      weiter;
    END;
  END;

PROCEDURE c_liste.spiegeln_x(x_achse : REAL);

  VAR element : tinhalt;
```

```
  BEGIN
   zurueck;
   WHILE not ende DO BEGIN
    lesen(element);
    element.spiegeln_x(x_achse);
    veraendern(element);
    weiter;
   END;
  END;

 PROCEDURE c_liste.spiegeln_y(y_achse : REAL);

  VAR element : tinhalt;

  BEGIN
   zurueck;
   WHILE not ende DO BEGIN
    lesen(element);
    element.spiegeln_y(y_achse);
    veraendern(element);
    weiter;
   END;
  END;

 PROCEDURE c_liste.dehnen(x,y,x_faktor,y_faktor : REAL);

  VAR element : tinhalt;

  BEGIN
   zurueck;
   WHILE not ende DO BEGIN
    lesen(element);
    element.dehnen(x,y,x_faktor,y_faktor);
    veraendern(element);
    weiter;
   END;
  END;

 PROCEDURE c_liste.drehen(x,y,winkel : REAL);

  VAR element : tinhalt;

  BEGIN
   zurueck;
   WHILE not ende DO BEGIN
```

```
        lesen(element);
        element.drehen(x,y,winkel);
        veraendern(element);
        weiter;
      END;
    END;

{-----------------------------------------------------------}

 PROCEDURE start_grafik(verzeichnis : STRING);

  VAR treiber,modus : INTEGER;

  BEGIN
    detectgraph(treiber,modus);
    CASE treiber of
      ega  : modus := egahi;
      vga  : modus := vgamed;
      ELSE WRITELN('Bitte im Handbuch nachschlagen !!!',#7,#7,#7);
    END;
    initgraph(treiber,modus,verzeichnis);
    seite := 1;
    setactivepage(1);
    setvisualpage(1);
  END;

 PROCEDURE stop_grafik;

  BEGIN
    closegraph;
  END;
```

Die Methode der Illusion

Es ist schon immer eine sehr schwierige Aufgabe gewesen, dem Betrachter einen flüssigen Bewegungsablauf vorzuspielen. Besonders schwer ist es bei dem Computer. Die Bewegungen, die wir bisher kennengelernt haben, sind sehr einfach aufgebaut:

1.) altes Objekt mit Hintergrundfarbe übermalen
2.) neues Objekt in Vordergrundfarbe zeichnen

Bei den bisher kennengelernten Objekten funktioniert dieses auch tadellos. Leider entpuppt es sich schon bei etwas größeren Objekten als extrem unansehnlich. Nach jeder Manipulation wird schließlich das Objekt übermalt und vollständig neu erzeugt. Jetzt kann es dem Betrachter nicht mehr verborgen werden. Es muß also ein anderer Weg gefunden werden, um die Bewegung so darstellen zu können, wie beispielsweise in einem Daumenkino: Hier sieht das Auge des Betrachters nacheinander Bilder, die schon fertiggestellt sind. Es entfällt ein lästiger Bildschirmaufbau.

Die Paletten-Schaltung

Eine einfache, aber meist effektvolle Art der Bildschaltung bieten die EGA/VGA-Karten. Hier sind die Paletten frei wählbar. Dabei sind 16 Farben möglich. Das funktioniert folgendermaßen:

Zunächst werden 16 fertig berechnete Bilder in jeweils einer anderen Farbe gezeichnet. Um nun aber immer nur genau ein Bild zu sehen, werden die übrigen Farben kurzerhand auf die Hintergrundfarbe gelegt. Das Weiterschalten funktioniert folgendermaßen: die aktuell angezeigte Bildnummer entspricht der Farbnummer, die auf die Vordergrundfarbe gestellt wurde. Diese Farbe wird auf die Hintergrundfarbe gestellt, die nächste Farbe wird dagegen auf die Vordergrundfarbe gestellt und wird somit sichtbar.

Das funktioniert so schnell, daß die einzelnen Übergänge für den Betrachter unsichtbar bleiben. Eine einfache Animation ist somit problemlos möglich. - So gut sich das auch anhört, es gibt einen schwerwiegenden Nachteil derart, daß durch das System bedingt die Grafik (Das Drahtmodell) immer nur eine Zeichenfarbe benutzen darf. Farbige Animation ist somit ausgeschlossen.

Die Speicherseiten

Eine weitere Art der Bildumschaltung bietet Borland-Pascal selbst. Stellt man bei der Grafik nicht unbedingt den höchsten Auflösungsmodus ein, so können je nach Grafikkarte bis zu vier Speicherseiten angelegt werden, welche übergangslos umgeschaltet werden können. Es ist folgender Ablauf denkbar:

-Grafik auf der nicht sichtbaren Seite aufbauen
-Seite sichtbar machen
-Grafik auf der nächsten nicht sichtbaren Seite aufbauen
-Seite sichtbar machen

- ... usw. ...

Das läßt sich bis ins Unendliche fortführen. Da die Übergänge zwischen den einzelnen Seiten nicht mehr sichtbar sind, ist auch hier eine mehrfarbige Animation möglich.

Auch hier gibt es leider wieder einen Nachteil: Unter Umständen muß man je nach Komplexität der Grafik auf das Weiterschalten der Grafikseite etwas warten. Solange nämlich eine Seite angezeigt wird, wird die nächste aufgebaut. An die beim Fernsehen üblichen 30 Bilder pro Sekunde ist überhaupt nicht zu denken.

Es ist sicherlich möglich, einen Kompromiß zu finden, indem wir die beiden Methoden einfach kombinieren. Das könnte so aussehen: auf jeder Speicherseite werden 16 Bilder in verschiedenen Farben abgelegt. Damit sind also in Wirklichkeit 4*16=48 Bilder abgespeichert. Das ist ausreichend für rund 1.5 Sekunden Film. Dabei können auch kompliziertere Objekte berechnet und schnell animiert werden (tatsächlich mit 30 Bildern/Sekunde).

Methode der Grafikmuster

Schließlich gibt es noch eine andere Methode, die hier keinem empfohlen werden sollte, da sie die Kombination aus geringer Geschwindigkeit + geringer Anzahl speicherbarer Bilder darstellt. Sie sollte hier nur vollständigerweise aufgeführt werden. Ihr Einsatzgebiet beschränkt sich auf Kleinstanimationen, z.B. einen Würfel beim Programmieren eines Spiels. Wesentlich ist, daß bei voller Farbausnutzung nur ein kleiner Teil des Bildschirmes benutzt werden kann. Dieser Bereich wird vollständig (punktweise) abgespeichert und bei Bedarf wieder auf den Bildschirm geholt. Für größere Animationen eignet sich diese Methode überhaupt nicht.

Jetzt wird animiert

Jetzt geht es endlich zur Sache! Es wird animiert. - Zunächst müssen wir uns für eine Methode der Animation entscheiden. Es ist sicherlich methodisch gesehen am besten, die Speicherseiten-Umschaltung zu wählen, da diese Methode am ausbaufähigsten ist und uns bei voller Animationsfähigkeit die Möglichkeit einer Farbgrafik nicht verbaut. Die Umschaltung der Speicherseiten übernimmt die Prozedur OBJEKT.zeigen automatisch, so daß wir uns darum nicht weiter kümmern müssen.

Nun ist auch über die Struktur des Programmes nachzudenken. Ich halte es für am geschicktesten, das Programm selbst nicht als Programm, sondern als Unit zu schreiben. Ein Unit ist eine Prozedur/Funktions-Bibliothek, die alle vorbeschriebenen Operationen beinhaltet. Im Animationsprogramm selbst kann dieses durch einen einfachen Aufruf ("USES animation") benutzt werden, so daß die Funktionen zur Verfügung stehen. Die Definition der Grafikobjekte erfolgt über das neue Kommando OBJEKT.LOAD, das die Koordinaten, die Sie in eine Textdatei schreiben, in rechnerverständliche Werte übersetzt und im Objekt abspeichert. Der Aufbau des Unit-Kopfes, sowie die Hintergrundinformationen über diese schnelle und komfortable Art des Bibliothek-Konzeptes finden Sie im Anhang.

Schließlich soll es noch zwei weitere Prozeduren geben, die uns die Arbeit mit der Grafik ein wenig erleichtern. Sie sind uns behilflich beim Finden des richtigen Grafikmodus. Im einzelnen handelt es sich um folgendes:

PROCEDURE start_grafik(Pfadname : STRING);

Diese Prozedur führt die Initialisierung aller Grafikwerte aus und legt den Pfad zum Grafiktreiber fest, welchen Sie als einzigen Parameter angeben müssen. Anhand der eingebauten Grafikkarte wird dann ein Modus ausgewählt, der mindestens 2 Grafikseiten zur Verfügung stellt. Diese Minimalzahl ist zum unsichtbaren Überblenden zwischen zwei Bildern unerläßlich. Besser ist es auf jeden Fall, wenn noch mehr Seiten zur Verfügung stehen, doch leidet hierunter leider die Auflösung. Es werden (soweit es die eingebaute Grafikkarte erlaubt) 2 Grafikseiten initialisiert. Nach dem Aufruf der Prozedur werden auch die Unit-internen Informationen gesetzt.

PROCEDURE ende_grafik;

Beendet das Grafikpaket und gibt den durch Daten und Treiber belegten Speicherplatz wieder frei. Diese Prozedur wird in der Regel nur einmal benutzt, und zwar am Ende des Programmes, z.B. als letzte Anweisung.

Durch das nicht konventionelle, aber wirksame System der Koordinateneingabe sparen wir uns die Erstellung eines eigenen Editors, der unnötigerweise nur Speicher belegen würde und bei der Animation selbst nur als Blockade wirkt.

Die Manipulationen selbst schließlich sind für jedes Objekt, und seien alle Objekte noch so unterschiedlich, gleich. Wie bei Objekten üblich, werden die Manupulationsroutinen stets mit dem Namen des Objektes aufgerufen.

Achtung:

Verfallen Sie nicht folgendem Irrtum: Wenn Sie ein Objekt einmal vollständig um die eigene Achse, also um 360 Grad, drehen wollen, dürfen Sie nicht eingeben xxx.drehen(x,y,360) ! Sie würden keine Veränderung am Bildschirm merken. Bedenken Sie, daß Sie die Drehung, um sie für den Betrachter sichtbar zu machen, in Teilschritten ausführen müssen, zwischen denen das Objekt erneut angezeigt wird. Je größer die Teilschritte sind, desto schneller scheint sich das Objekt zu drehen. Gehen Sie bitte auch analog mit anderen Veränderungen vor. Weniger ist hier sicherlich MEHR!

Das Programm selbst erklärt sich von selbst, schließlich ist es das Ergebnis der letzten Kapitel, in denen bei Problemen nachgeschlagen werden kann. Zum Schluß noch ein Tip:

Probieren Sie es mit den Daten, die am Ende des Listings stehen, sowie mit dem entsprechenden Animationslisting.

```
UNIT animatio;

 INTERFACE

 USES crt,dos,graph;

 TYPE
  c_linie    = object
              x1,
              y1,
              x2,
              y2     : REAL;

              PROCEDURE init(x_start,y_start,x_ende,y_ende : REAL);
              PROCEDURE verschieben(dx,dy : REAL);
              PROCEDURE spiegeln_x(x_achse : REAL);
              PROCEDURE spiegeln_y(y_achse : REAL);
              PROCEDURE dehnen(x,y,x_faktor,y_faktor : REAL);
              PROCEDURE drehen(x,y,winkel : REAL);
             END;

  tinhalt  = c_linie;

  tzeiger  = ^telement;

  telement  = RECORD
            inhalt : tinhalt;
            next   : tzeiger;
           END;

  c_liste  = object
            anfang,
            aktuell : tzeiger;

            FUNCTION leer : BOOLEAN;
            FUNCTION ende : BOOLEAN;
            PROCEDURE init;
            PROCEDURE einfuegen(element : tinhalt);
            PROCEDURE veraendern(element : tinhalt);
            PROCEDURE loeschen;
            PROCEDURE lesen(VAR element : tinhalt);
            PROCEDURE weiter;
```

```
            PROCEDURE zurueck;
            PROCEDURE load_txt(filename : STRING);
            PROCEDURE zeigen;
            PROCEDURE verschieben(dx,dy : REAL);
            PROCEDURE spiegeln_x(x_achse : REAL);
            PROCEDURE spiegeln_y(y_achse : REAL);
            PROCEDURE dehnen(x,y,x_faktor,y_faktor : REAL);
            PROCEDURE drehen(x,y,winkel : REAL);
           END;

  PROCEDURE start_grafik(verzeichnis : STRING);
  PROCEDURE stop_grafik;

  VAR seite : BYTE;

{------------------------------------------------------------}

 IMPLEMENTATION

  PROCEDURE c_linie.init(x_start,y_start,x_ende,y_ende : REAL);

   BEGIN
    x1 := x_start;
    y1 := y_start;
    x2 := x_ende;
    y2 := y_ende;
   END;

  PROCEDURE c_linie.verschieben(dx,dy : REAL);

   BEGIN
    x1 := x1 + dx;
    y1 := y1 + dy;
    x2 := x2 + dx;
    y2 := y2 + dy;
   END;

  PROCEDURE c_linie.spiegeln_x(x_achse : REAL);

   BEGIN
    verschieben((-1)*x_achse,0);
    x1 := (-1) * x1;
    x2 := (-1) * x2;
    verschieben(x_achse,0);
   END;
```

```
PROCEDURE c_linie.spiegeln_y(y_achse : REAL);

 BEGIN
  verschieben(0,(-1)*y_achse);
  y1 := (-1) * y1;
  y2 := (-1) * y2;
  verschieben(0,y_achse);
 END;

PROCEDURE c_linie.dehnen(x,y,x_faktor,y_faktor : REAL);

 BEGIN
  verschieben((-1)*x,(-1)*y);
  x1 := x1 * x_faktor;
  y1 := y1 * y_faktor;
  x2 := x2 * x_faktor;
  y2 := y2 * y_faktor;
  verschieben(x,y);
 END;

PROCEDURE c_linie.drehen(x,y,winkel : REAL);

 VAR x1_neu,y1_neu,x2_neu,y2_neu : REAL;

 PROCEDURE deg2rad(VAR winkel : REAL);

  BEGIN
   winkel := (winkel/180)*pi;
  END;

 BEGIN
  verschieben((-1)*x,(-1)*y);
  deg2rad(winkel);

  x1_neu := (x1*cos(winkel)) - (y1*sin(winkel));
  y1_neu := (y1*cos(winkel)) + (x1*sin(winkel));
  x2_neu := (x2*cos(winkel)) - (y2*sin(winkel));
  y2_neu := (y2*cos(winkel)) + (x2*sin(winkel));

  x1 := x1_neu;
  x2 := x2_neu;
  y1 := y1_neu;
  y2 := y2_neu;
```

```
    verschieben(x,y);
  END;

{-----------------------------------------------------------------}

 FUNCTION c_liste.leer : BOOLEAN;

  BEGIN
   leer := (anfang^.next = nil);
  END;

 FUNCTION c_liste.ende : BOOLEAN;

  BEGIN
   ende := (aktuell^.next = nil);
  END;

 PROCEDURE c_liste.init;

  VAR dummy : tzeiger;

  BEGIN
   new(dummy);
   anfang := dummy;
   aktuell := dummy;
   dummy^.next := nil;
  END;

 PROCEDURE c_liste.einfuegen(element : tinhalt);

  VAR hilfzeiger : tzeiger;

  BEGIN
   new(hilfzeiger);
   hilfzeiger^.next := aktuell^.next;
   aktuell^.next := hilfzeiger;
   hilfzeiger^.inhalt := element;
  END;

 PROCEDURE c_liste.loeschen;

  VAR hilfzeiger : tzeiger;

  BEGIN
   hilfzeiger := aktuell^.next;
```

```
    aktuell^.next := aktuell^.next^.next;
    dispose(hilfzeiger);
  END;

PROCEDURE c_liste.veraendern(element : tinhalt);

  BEGIN
    aktuell^.next^.inhalt := element;
  END;

PROCEDURE c_liste.lesen(VAR element : tinhalt);

  BEGIN
    element := aktuell^.next^.inhalt;
  END;

PROCEDURE c_liste.weiter;

  BEGIN
    aktuell := aktuell^.next;
  END;

PROCEDURE c_liste.zurueck;

  BEGIN
    aktuell := anfang;
  END;

PROCEDURE c_liste.load_txt(filename : STRING);

  VAR disk : text;
      zeile : STRING;
      linie : c_linie;

  PROCEDURE umformen(zeile : STRING; VAR linie : c_linie);

    VAR i : BYTE;

    PROCEDURE get_next(VAR i : BYTE; zeile : STRING; VAR zahl : REAL);

      VAR nstr : STRING;
          code : INTEGER;

      BEGIN
        nstr := '';
```

```
      WHILE zeile[i]=#32 DO inc(i);
      WHILE not (zeile[i] in['-',' ']) DO BEGIN
        nstr := nstr + zeile[i];
        inc(i);
      END;
      val(nstr,zahl,code);
    END;

  BEGIN
    i := 1;
    get_next(i,zeile,linie.x1);
    get_next(i,zeile,linie.y1);
    get_next(i,zeile,linie.x2);
    get_next(i,zeile,linie.y2);
  END;

 BEGIN
   init;
   zurueck;
   assign(disk,filename);
   reset(disk);
   WHILE not eoln(disk) DO BEGIN
     READLN(disk,zeile);
     umformen(zeile,linie);
     WHILE not ende DO weiter;
     einfuegen(linie);
   END;
 END;

PROCEDURE c_liste.zeigen;

 VAR linie : c_linie;

 BEGIN
   cleardevice;
   zurueck;
   WHILE not ende DO BEGIN
     lesen(linie);
     line(round(linie.x1),round(linie.y1),round(linie.x2),
        round(linie.y2));
     weiter;
   END;
 END;

PROCEDURE c_liste.verschieben(dx,dy : REAL);
```

```
  VAR element : tinhalt;

  BEGIN
   zurueck;
   WHILE not ende DO BEGIN
    lesen(element);
    element.verschieben(dx,dy);
    veraendern(element);
    weiter;
   END;
  END;

PROCEDURE c_liste.spiegeln_x(x_achse : REAL);

  VAR element : tinhalt;

  BEGIN
   zurueck;
   WHILE not ende DO BEGIN
    lesen(element);
    element.spiegeln_x(x_achse);
    veraendern(element);
    weiter;
   END;
  END;

PROCEDURE c_liste.spiegeln_y(y_achse : REAL);

  VAR element : tinhalt;

  BEGIN
   zurueck;
   WHILE not ende DO BEGIN
    lesen(element);
    element.spiegeln_y(y_achse);
    veraendern(element);
    weiter;
   END;
  END;

PROCEDURE c_liste.dehnen(x,y,x_faktor,y_faktor : REAL);

  VAR element : tinhalt;
```

```
BEGIN
  zurueck;
  WHILE not ende DO BEGIN
    lesen(element);
    element.dehnen(x,y,x_faktor,y_faktor);
    veraendern(element);
    weiter;
  END;
END;

PROCEDURE c_liste.drehen(x,y,winkel : REAL);

VAR element : tinhalt;

BEGIN
  zurueck;
  WHILE not ende DO BEGIN
    lesen(element);
    element.drehen(x,y,winkel);
    veraendern(element);
    weiter;
  END;
END;

{----------------------------------------------------------------}

PROCEDURE start_grafik(verzeichnis : STRING);

  VAR treiber,modus : INTEGER;

  BEGIN
    detectgraph(treiber,modus);
    CASE treiber of
      ega   : modus := egahi;
      vga   : modus := vgamed;
      ELSE WRITELN('Bitte im Handbuch nachschlagen !!!',#7,#7,#7);
    END;
    initgraph(treiber,modus,verzeichnis);
    seite := 1;
    setactivepage(1);
    setvisualpage(1);
  END;

PROCEDURE stop_grafik;
```

```
  BEGIN
    closegraph;
  END;

{-----------------------------------------------------------}

BEGIN
  seite := 1;
END.
```

Und so könnte ein passendes Animationsprogramm aussehen. Es benutzt natürlich nicht alle Funktionen. Lassen Sie Ihre Phantasie spielen und peppeln Sie dieses magere Programm auf. Sie werden überrascht sein, welche Effekte sich damit erzielen lassen:

```
PROGRAM test;

USES animatio,crt;

VAR motiv : c_liste;

BEGIN
  start_grafik('c:\bp\bin\bgi');         {Pfad zm BGI-Treiber von Borland-Pascal}
  motiv.load_txt('grafik2d.txt');        {Name der Datei unten}
  motiv.zeigen;
  repeat
    motiv.drehen(320,175,5);
    motiv.zeigen;
  UNTIL keypressed;
  stop_grafik;
END.
```

Eine Beispielgrafik gehört natürlich dazu. Beachten Sie bitte, daß der Bindestrich am Zeilenende den Sinn hat, daß das selbige von der Leseprozedur rechtzeitig erkannt werden. Also : Bitte nicht vergessen.

Diese Punkteliste erzeugt zum Beispielprogramm eine passende Grafik:

```
320 20 320 60-
320 60 360 60-
```

```
360 60 360 20-
360 20 320 20-
320 20 340 10-
340 10 360 20-
345 25 355 25-
355 25 355 35-
355 35 345 35-
345 35 345 25-
325 60 325 35-
325 35 335 35-
335 35 335 60-
```

Kapitel 7

Warum eine dritte Dimension?

Betrachten wir noch einmal das bisher Erreichte. Zugegeben, es sieht eigentlich schon ganz "gut" aus. Wir können Bilder bewegen, "*animieren*", und können ganze Kleinfilme auf diese Weise herstellen. Doch irgend etwas fehlte noch, eine gute Illusion. Sieht man einen 2D-Film, so stellen wir fest, daß dieser rein gar keine Tiefe besitzt. Auf diese Weise kann eine Illusion wohl kaum zustande kommen. Da die Welt der Grafik durch immer besser werdende Hardware, wie z.B. immer schnellere Computer oder immer höher auflösende Grafikkarten, zur Perfektion der Darstellung strebt, soll auch hier diese nicht vernachlässigt werden. Warum dies so ist, und wie Abhilfe geschaffen werden kann, sollen die nachfolgenden Kapitel klären.

Theorie der räumlichen Tiefe

Es ist eine Tatsache, daß der Mensch in drei Dimensionen sieht. Das ist auch ganz einfach zu zeigen: Nehmen Sie zwei Stifte und führen Sie diese einmal mit geöffneten Augen zusammen. Das macht keinerlei Probleme. Versuchen Sie es jedoch, wenn Sie ein Auge geschlossen haben. Das gibt erhebliche Probleme: Hier kann das einzelne Auge nicht mehr beide Entfernungen abschätzen und mit dem Bewegungsapparat ausgleichen. Es fehlt dann nämlich die dritte Dimension.

Der Mensch ist auf das Vorhandensein einer dritten Dimension angewiesen. Nehmen wir noch ein Beispiel, das Überqueren einer Straße. Vor dem Überqueren beobachten Sie den Verkehr und schätzen ab, wie schnell sich ein Auto nähert. Das tun Sie, indem Sie die Entfernungsänderung in einem gewissen Zeitintervall abschätzen. Dazu wird die dritte Dimension gebraucht.

Nun hat man sich an die dritte Dimension, nämlich die räumliche Tiefe, gewöhnt und kann gar nicht mehr auf sie verzichten. Auch das Fernsehen liefert hier nur eine unvollkommene Illusion, da alles in zwei Dimensionen, sprich einem einzigen Kamera-"Auge" aufgenommen wurde und somit keinerlei Tiefenwirkung vermitteln kann. Ähnlich verhält es sich mit dem Computermonitor. Er stellt schließlich auch nur auf einem zweidimensionalen Display dar. Da aber keine Kamera benutzt wird, sondern lediglich digitale Daten, ist es auch nicht weiter schwer, dem Rechner 3 Dimensionen vorzugaukeln.

Dieses 3D-Sehen auf dem Computer-Monitor ist sicherlich nicht mit der Natur zu vergleichen. Es kann hier nicht das Prinzip des menschlichen Auges nachgebildet werden (oder doch ?):

Die Augen liefern zwei Bilder, die geringfügig verschieden sind. Schließlich sieht man die Bilder mit einem Winkelunterschied von einigen Graden. Je größer die streckenmäßigen Unterschiede sind, desto näher ist das Objekt.

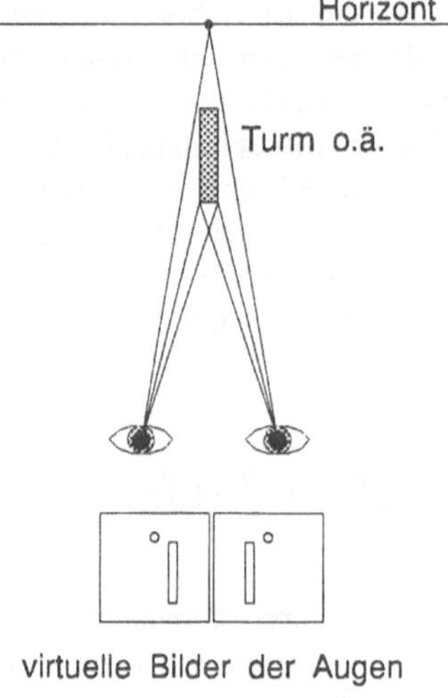

Bild 7-1 *So sieht der Mensch*

In der Grafik sieht ein Mensch auf den Horizont. Dabei ist ein einzelner Punkt so weit entfernt, daß beide Augen quasi das gleiche Bild liefern. Das Gehirn schließt daraus, daß dieser Punkt sehr weit entfernt sein muß. Anders liegt es bei dem Pfosten in der Bildmitte. Hier liefern beide Augen unterschiedliche Bilder, wie die Grafik zeigt. Im Gehirn nun werden beide Bilder gemischt. Es entsteht der reale Eindruck, daß der Pfosten räumlich vor dem Horizontpunkt liegt.

Tiefeneffekte in 2D-Grafiken

Wir haben bisher die 2D-Grafiken und entsprechende Effekte kennengelernt. Probieren wir nun folgendes aus, so erhalten wir einen einfachen, aber dennoch genauso guten wie wegweisenden Effekt der 3D-Simulation. Das Beispielprogramm erzeugt ein Quadrat und skaliert es 20mal gegen den Bildmittelpunkt.

```
PROGRAM drei_D_Simulation;

USES graph,animatio,crt;

CONST
  fluchtpunkt_x = 320;
  fluchtpunkt_y = 175;

VAR linie   : c_linie;
    quadrat : c_liste;
    i       : BYTE;
    color   : WORD;

BEGIN

  start_grafik('c:\tp\bgi');

  { Definition eines Quadrates }

  quadrat.init;
  linie.init(20,20,100,20);
  quadrat.einfuegen(linie);
  linie.init(100,20,100,100);
  quadrat.einfuegen(linie);
  linie.init(100,100,20,100);
  quadrat.einfuegen(linie);
  linie.init(20,100,20,20);
  quadrat.einfuegen(linie);
  quadrat.zeigen;

  { Bewegung }

  FOR i:=1 TO 20 DO BEGIN
    quadrat.dehnen(fluchtpunkt_x,fluchtpunkt_y,0.9,0.9);
    quadrat.zeigen;
  END;
```

```
  stop_grafik;

END.
```

Das Ergebnis ist wirklich verblüffend: Das Quadrat scheint tatsächlich nach vorne zu *fliegen* und schließlich am Horizont in einem winzigen Punkt zu verschwinden.

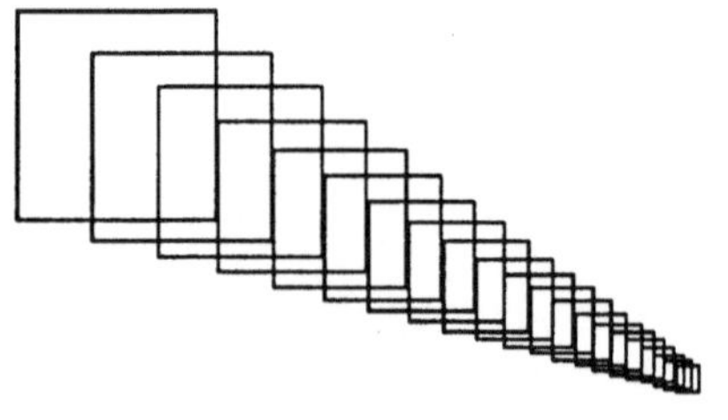

Bild 7-2 *Die Tiefe - eine optische Täuschung?*

Leider ist jedoch diese Art der Tiefenerzeugung nicht immer möglich, so daß wir uns nach einer weiteren Methode umsehen müssen, die wenigstens die räumliche Tiefe als Parameter beachtet.

Kapitel 8

Vektoren - Die Zweite

Eine weitere Achse

Sicherlich, das Thema Vektoren wurde nicht unausführlich behandelt, dennoch gibt es einen bestimmten Anlaß, dieses hier noch einmal aufzugreifen. Stellen wir uns dazu doch einmal vor, wie ein Vektorraum aussehen könnte, der auch die räumliche Tiefe berücksichtigt:

Zunächst besitzt er (wie auch schon vorher) zwei Koordinatenachsen für die x-Richtung und die y-Richtung. Es muß nun eine dritte Koordinatenachse her, die die z-Richtung bestimmt. Diese verläuft, unserem Modell entsprechend, nach hinten in den Raum.

Während die beiden erstgenannten, schon behandelten Achsen weitestgehend von der Hardware des Computers, nämlich der eingebauten Grafikkarte, bestimmt waren, ist uns bei der Festlegung eines Wertebereichs für die z-Richtung keinerlei Beschränkung auferlegt. Es ist nun aber zu bedenken, daß zugunsten einer einfacheren Dateneingabe die Werte in ähnlichen Proportionen gehalten werden sollten. Das folgende Beispiel verdeutlicht dieses. Es sind hier Koordinaten eines Objektes gegeben:

(0,0,0) (20,0,0) (20,0,123456), (0,0,123456)

Hätten Sie gedacht, daß solch ungleiche Werte bei einem Wertebereich von 0 bis 3950592 ein vollkommen quadratisches Viereck erzeugen können? Da wäre folgende Angabe doch schon viel angenehmer:

(0,0,0), (20,0,0), (20,0,20), (0,0,20)

Hier stimmen die Proportionen also. Doch wie wählen wir nun unsere Tiefe, denn schließlich muß der Computer doch einen Anhaltspunkt geliefert bekommen?

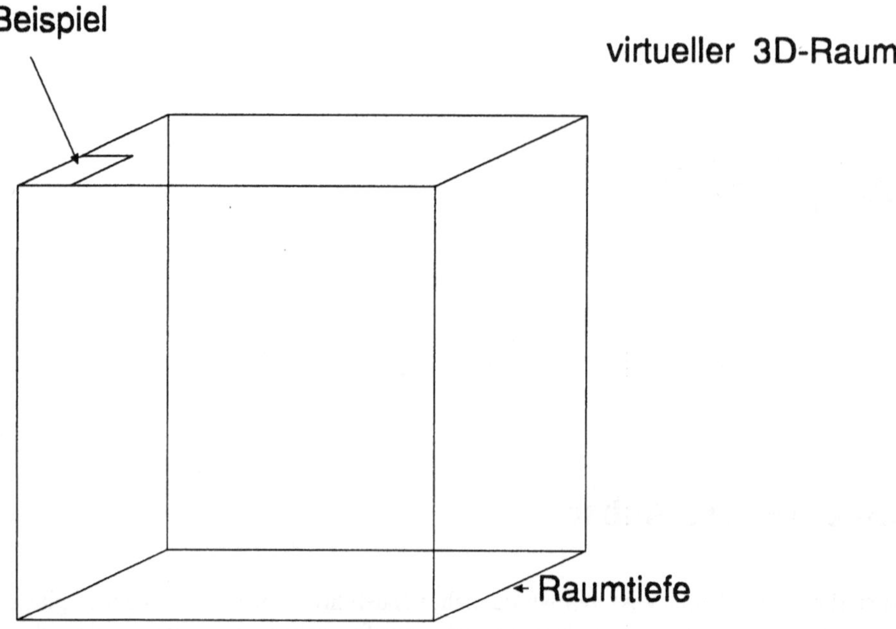

Bild 8-1 *Proportionen der Achsen*

Ganz einfach: Gehen wir davon aus, daß das Rechteck oben vollkommen quadratisch sein soll. In diesem Fall entsprechen die Kantenlängen beider beteiligter Seiten in gleichen Anteilen der Gesamtlänge des Raumes.

Das führt uns dahin, daß die räumliche Tiefe gleichzusetzen ist mit der Breite des Bildschirmbereiches, also:

Tiefe = Breite der Bildschirmanzeige

Kann der Bildschirm 640 Punkte in der Breite zeigen, so ist die Tiefe ebenfalls auf 640 Punkte zu setzen. - Kommen Sie aber bitte nicht zu falschen Schlüssen. Die Tatsache, daß wir den Raum auf die Bildschirmbreite begrenzt haben, bedeutet keineswegs eine Einschränkung in der Auflösungsfähigkeit der Animation. Da wir im Gegensatz zum Monitor nicht nur mit Ganzzahlwerten (1,2,3,...) rechnen, sondern mit mehr als 8 Nachkommastellen, bleibt die Genauigkeit auf jeden Fall vorhanden. Andererseits würde ein Heraufsetzen der Auflösung auch keinen Gewinn in der Darstellungsqualität bedeuten. Die Schranken der Hardware lassen sich damit leider nicht überspringen.

Das so entstandene neue Grafik-Koordinatensystem kann man sich so vorstellen:

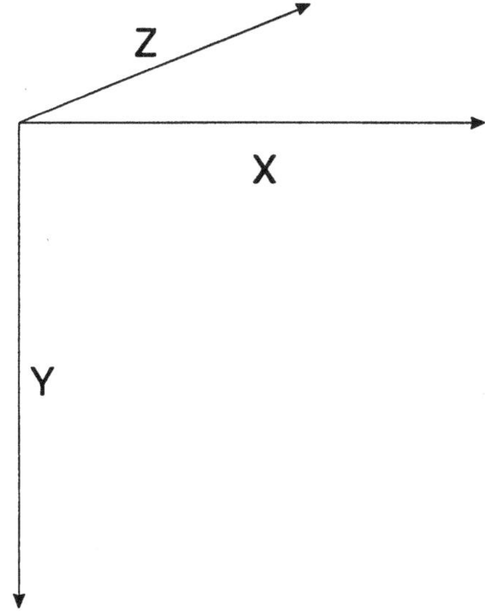

Bild 8-2 *Das virtuelle Koordinatensystem*

Da dieses aber leider zur Veranschaulichung wenig tauglich ist, wechseln wir wieder einmal zum mathematischen Koordinatensystem, denn schließlich wollen wir die Hintergründe der Animation mathematisch beleuchten:

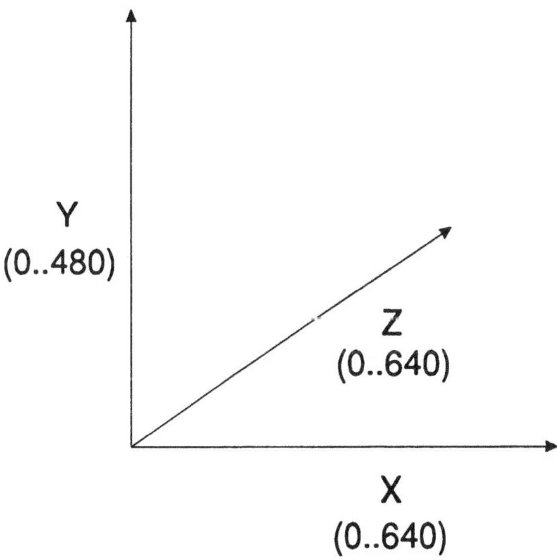

Bild 8-3 *Das gleiche noch einmal mathematisch*

Der 3D-Vektor - ein neuer Vektortyp?

Um diese Eingangsfrage zu beantworten, sehen wir uns das Koordinatensystem genauer an. Wie schon vorher haben wir einen "Grund"-Vektor, der die x-und y-Position bestimmt. Was fehlt, ist eine Angabe, die die z-Richtung eindeutig festlegt. Dazu bedienen wir uns der bereits eingeführten Vektor-Schreibweise, denn was liegt näher, als den Vektor nach unten zu verlängern?! Dieser vergrößerte Vektor sieht dann folgendermaßen aus:

$$(x,y,z)=\begin{pmatrix}x\\y\\z\end{pmatrix}$$

Das ist also ein völlig normaler Vektor. Und für diese gelten die elementaren Rechengesetze, wie sie schon in den vorherigen Kapiteln beschrieben wurden:

$$\begin{pmatrix}x_1\\y_1\\z_1\end{pmatrix}+\begin{pmatrix}x_2\\y_2\\z_2\end{pmatrix}=\begin{pmatrix}x_1+x_2\\y_1+y_2\\z_1+z_2\end{pmatrix}$$

$$n\cdot\begin{pmatrix}x\\y\\z\end{pmatrix}=\begin{pmatrix}n\cdot x\\n\cdot y\\n\cdot z\end{pmatrix}$$

Man sieht also, daß auch der neue Vektor ein ganz "normaler" Vektor ist. - Gibt es überhaupt "normale" und "unnormale" Vektoren? Das sollten wir jetzt einmal klären. Ein Vektor kann niemals "unnormal" sein. Die Tatsache, daß wir bisher den 2D-Vektor als "normal" bezeichneten, sollte uns aber nicht dazu verleiten, solche unmathematischen Ausdrücke damit in Verbindung zu bringen. Jeder Vektor ist normal, egal, wie viele Elemente er verbindet. Hier sind es nun einmal drei. Um den Begriff der Dimension noch einmal aufzugreifen, spricht man hier in einem 3-dimensionalen Raum von einem 3-dimensionalen Vektor.

Darstellung einfacher Figuren im dreidimensionalen Raum

Es ist nun nicht weiter schwer, einfache Figuren bzw. grafische Elemente auch in diesem Raum durch Vektoren darzustellen. Aus verständlichen Gründen ist dieses Kapitel etwas knapper gefaßt. Schlagen Sie gegebenenfalls noch einmal in dem analogen Kapitel der 2D-Grafik nach.

Der Punkt

Wie schon vorher geklärt, kann ein beliebiger Punkt im dreidimensionalen Koordinatensystem durch die Angabe jeweils einer Koordinate jeder Achse bestimmt werden. Das entspricht der Angabe eines Vektors.

Die Linie

Analog zum Punkt ist auch die Linie zu betrachten. Hier sind wie im 2D-Raum zwei Vektoren notwendig, um Lage und Verlauf einer Linie zu bestimmen. Natürlich reichen demnach auch hier zwei dreidimensionale Vektoren aus.

Der Kreis

In der Betrachtung eines Kreises verbergen sich auf den ersten Blick keine Probleme. Der einfache Kreis kann auch sicherlich so behandelt werden wie im 2-dimensionalen Raum. Es reicht ein Vektor, der den Mittelpunkt angibt, sowie eine Zahl (ein eindimensionaler Vektor), die den Radius, also den Abstand jedes einzelnen Punktes vom Mittelpunkt, angibt.

Auf den ersten Blick scheint dieses auch zu funktionieren. Es gibt jedoch ein Problem: wie wird die Lage im Raum festgehalten? Schließlich eröffnet die räumliche Tiefe die Möglichkeit, den Kreis um eine beliebige Achse (außer der trivialen z-Achse) zu drehen. Die Grafik zeigt dieses:

Wir brauchen noch eine Angabe, die die Lage festlegt. Am besten geeignet sind hier die Winkelangaben, die die Drehwinkel des Kreises gegenüber der x-und y-Achse festlegen. Die nötigen Umrechnungsarbeiten überlassen wir der Einfachheit halber der "zeichnen"-Prozedur, die aufgrund der Angaben den Kreis in eine darstellungswürdige Ellipse umrechnet und damit einen 3D-Effekt vorgaukelt.

Nehmen wir zunächst an, wir wollten den Kreis um die x-Achse drehen. Auf dem Bildschirm erscheint der Kreis dann von oben und unten je nach Winkelmaß zusammengedrückt. Denken wir aber weiter: Bei einem Winkel von 90 Grad sehen wir nur die theoretisch unendlich schmale Seite der Kreis-Scheibe. Der y-Radius wird also 0. Andererseits sehen wir den vollen Kreis bei einem Winkel von 0 Grad. - Doch halt, woran erinnert uns das? Warum sollen wir uns die Umrechnung so schwer machen, wenn es entsprechende Formeln gibt, die uns dieses abnehmen?

Betrachten wir nun die Cosinus-Funktion. Sie liefert für die entsprechenden Winkel genau die richtigen Werte. Die Tabelle zeigt dieses. Der in der rechten Spalte angegebene Wert ist der Faktor, mit dem der y-Radius multipliziert werden muß:

Winkel	Faktor
0	0
30	0,866...
45	0,707...
60	0,5
90	1

Die gleichen Werte gelten selbstverständlich auch für die x-Richtung. Fassen wir nun zusammen. Einen Kreis stellen wir dar, indem wir ihn nicht als Kreis, sondern als Ellipse darstellen, die sich je nach Lage des Kreises verändert. Dazu kann man für die Darstellungs-Prozedur eine kleine Formel aufstellen:

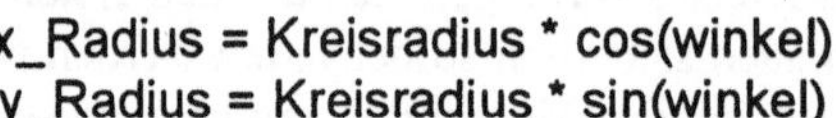
x_Radius = Kreisradius * cos(winkel)
y_Radius = Kreisradius * sin(winkel)

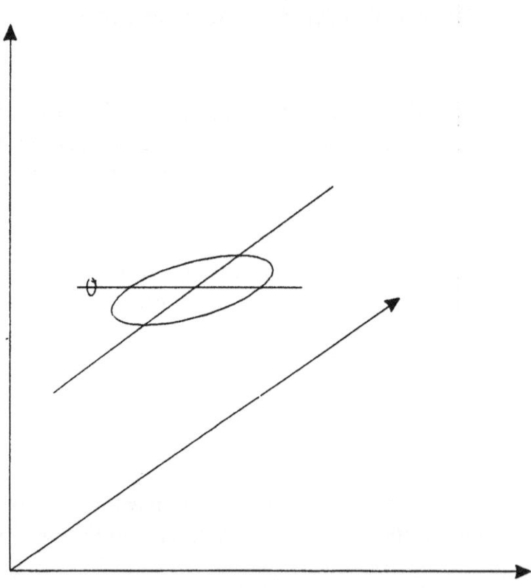

Bild 8-4 *Die Veranschaulichung*

Damit kann man schon eine Art kleinen Trickfilm programmieren, der eine Münze zeigt, welche nach dem Drehen auf den Tisch fällt.

```
PROGRAM fallende_muenze;

 USES graph,crt;

 CONST start = 40; { Startgröße der Münze auf dem Bildschirm }

 VAR graphdriver,
    graphmode  : INTEGER;
    breite,
    winkel     : REAL;
    h,
    hoehe      : INTEGER;


 BEGIN
  graphdriver := detect;
  initgraph(graphdriver,graphmode,'c:\tp\bgi');

  winkel := 0;
  FOR h:= 400 DOWNTO 0 DO BEGIN
    hoehe := h DIV 10;
    winkel := winkel + (10*pi/180);
    breite := start * cos(winkel);
    cleardevice;
    IF breite < 0 THEN
      ellipse(320,175-(hoehe DIV 2),0,360,round(breite/2),hoehe DIV 2);
  END;

  WHILE not keypressed do;

  closegraph;
 END.
```

Das ist doch schon ganz nett, oder? Beachtlich aber ist, daß wir diesen Effekt eigentlich völlig ohne Beachtung der dritten Dimension, der Tiefe, erzeugen konnten.

Das Rechteck

Ähnlich wie beim Kreis verhält es sich mit dem Rechteck. Auch dieses kann unterschiedlich im 3D-Koordinatensystem liegen und bereits um verschiedene Achsen gedreht worden sein. Auch hier gibt es nur die x-und die y-Achsen, die beachtet werden müssen.

Die Umwandlung der Koordinaten erfolgt analog zur Kreisberechnung, so daß hier nicht näher darauf eingegangen werden muß. Daraus ergibt sich für den Leser allerdings eine interessante Aufgabe, deren Lösung eine Kontrolle des bisher erlernten darstellt:

Aufgabe:

Schreiben Sie das Programm "Münze" für den Kreis so um, daß es ein rotierendes Rechteck darstellt.

Die künstliche Erzeugung von Tiefe aus 2D-Objekten

Es gibt sehr viele Objekte, bei denen "Vorderseite" und "Rückseite" in der Form gleich sind. Das ist z.B. der Fall beim Würfel oder beim Quader. Man muß nun sicherlich nicht jeden Punkt eingeben. Es reicht aus, die Vorderfläche zu bestimmen und die Tiefe des Objektes anzugeben. Allein aus diesen Angaben kann der Computer ein dreidimensionales Objekt berechnen. Das Prinzip funktioniert natürlich nicht nur bei grafischen Objekten. Probieren Sie es einfach einmal aus, es bietet ungeahnte Möglichkeiten. Bei vielen Software-Paketen kann auf diese Weise ein Tiefeneffekt erzeugt werden. Auch CAD (Computer Aided Design) -Programme arbeiten gelegentlich auf diese Weise, um unnötige und häufig auch umständliche Konstruktionen zu vereinfachen.

Das Prinzip beruht darauf, zunächst die angegebene Vorderfläche zu kopieren. Dabei werden die z-Koordinaten zu der angegebenen Tiefe addiert.

Es fehlen noch die Verbindungslinien. Sie werden im nächsten Schritt eingefügt. Rein mathematisch ist hiermit aus dem Quadrat ein Würfel geworden, der nun im 3D-Koordinatensystem dargestellt werden kann. - Aber wie ? Das und noch viele andere Fragen rund um die Darstellung der räumlichen Tiefe werden im nächsten Kapitel behandelt.

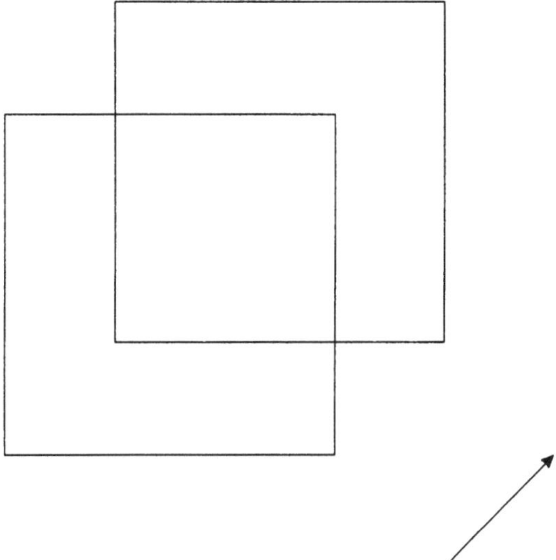

Bild 8-5 *Der erste Schritt: eine Kopie ...*

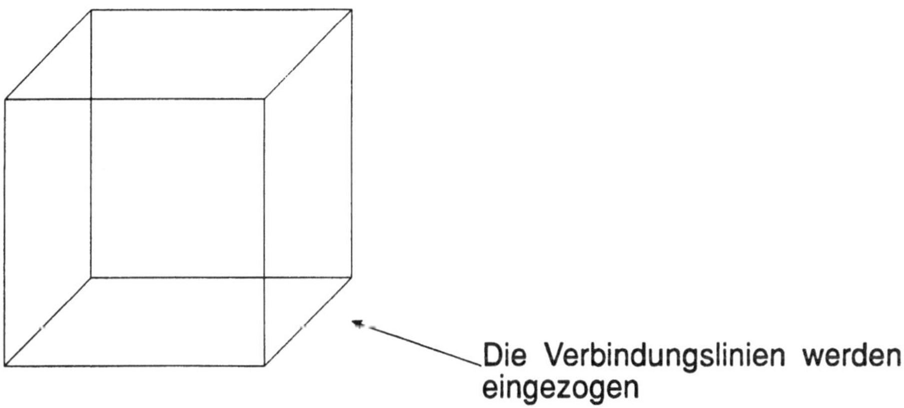

Bild 8-6 *2.Schritt: Die Verbindung der Ebenen*

Kapitel 9

Darstellung der räumlichen Tiefe

Das zentrale Problem der 3D-Grafik ist die Darstellung auf dem Bildschirm. Tatsächlich stellt die Methode der Darstellung ein Problem dar. Es ist logischerweise ein Problem, ein Objekt, das 3 Dimensionen umfaßt, auf einem zweidimensionalen Medium, nämlich dem Bildschirm, so darzustellen, daß der Betrachter den Eindruck von räumlicher Tiefe vermittelt bekommen kann. Es sind auf jeden Fall einige Umrechnungen notwendig. Es gibt verschiedene Arten der Darstellung, die hier nacheinander besprochen werden sollten.

Dazu schweifen wir zuerst einmal etwas ab. Auch andere Bereiche der Darstellung haben sich lange Zeit mit der perspektivischen Darstellung beschäfitigt. Der wohl bekannteste Vertreter ist die Kunst, die versuchte, Bilder mit einem gewissen Tiefeneffekt darzustellen. Die Kunst bietet demnach mehrere Möglichkeiten:

Luftperspektive

Die Luftperspektive kommt in der Darstellung selbst der Natur sicherlich am nächsten. Ihr Prinzip beruht auf der natürlichen Unschärfe, die mit zunehmender Entfernung immer mehr zunimmt. Gegenstände, die weiter entfernt sind, erscheinen unscharf, während ein gleiches Objekt im Vordergrund klare Linien besitzt und sehr scharf abgebildet wirkt. Eigentlich ist diese Art der Perspektive ausschließlich in der Kunst bekannt. Denn wie soll ein Drahtmodell, wie wir es kennen, mal schärfer, mal weniger scharf abgebildet werden? Schon dieses stellt uns vor ein unlösbares Problem und führt uns zu dem vernichtenden Urteil, daß dieses Modell für unsere Zwecke nicht zu gebrauchen ist!

Farbperspektive

Nicht nur in der Kunst ist man zerstritten, ob die Farbperspektive eine wirkliche Perspektive ist. Denn sie beruht auf folgenden beiden Sätzen, die die Farbgebungen für Vordergrund und Hintergrund festlegen sollen:

Vordergrund: warme Farben, z.B. Rot, Orange oder Gelb

Mittelgrund: Mischfarben aus grün/rot, mittelwarme Farben

Hintergrund: kalte Farben, z.B. blau, grün sowie mit grau abgemischte, unreine Farbwerte

Soll man sich auf diese Weise mit der Darstellung von Bildern oder Computergrafiken in solch ein Farbmuster quetschen lassen? Ganz nebenbei bemerkt sei, daß diese Art der Darstellung sich wohl kaum für vektororientierte Modelle eignet, die ohnehin nur aus meist einfarbigen Linien bestehen. Einsichtig kommen wir also zu dem Urteil: absolut nicht zu gebrauchen!

Parallelperspektive (Zentralperspektive)

Hier ist man sich noch nicht einmal über den Namen der Perspektive einig: Während man in der Kunst beharrlich auf dem Namen "Parallelperspektive" beharrt, besteht man in der Mathematik (genaugenommen ist es die Geometrie) und beim technischen Zeichnen auf dem Namen "Zentralperspektive". Beide Namen jedoch drücken im Prinzip schon das aus, was die Darstellung ausmacht. Sie gehorcht folgenden Regeln:

Zunächst werden die Objekte in drei verschiedene Linienarten eingeteilt:

1. Breitenlinien: liegen parallel zur x-Achse und zeigen somit die Breite des Objektes.

2. Höhenlinien: verlaufen parallel zur y-Achse und stellen die Höhe des Objektes dar.

3. Tiefenlinien: verlaufen nicht parallel zu einer der Achsen, sie zeigen die Tiefe des Objektes an. Die Analogie in unseren Modellen ist die z-Achse.

Nun die Regeln:

- Alle am Gegenstand senkrechten Linien (die Höhenlinien) bleiben senkrecht und werden in voller Länge dargestellt.

- Alle waagerechten Linien (die Breitenlinien) bleiben nach wie vor waagerecht und werden in ihrer Länge nicht verändert.

- Alle Tiefenlinien werden schräg gezeichnet.

- Senkrecht in die Tiefe laufende Linien sind parallel zueinander. Außerdem sind diese mit einem Winkel von 45 Grad gegenüber den Breitenlinien zu zeichnen und um die Hälfte in ihrer Länge zu verkürzen.

Zur Verdeutlichung ein Beispiel. Gezeigt wird hier ein Würfel, der in der Parallel-/Zentralperspektive dargestellt wird:

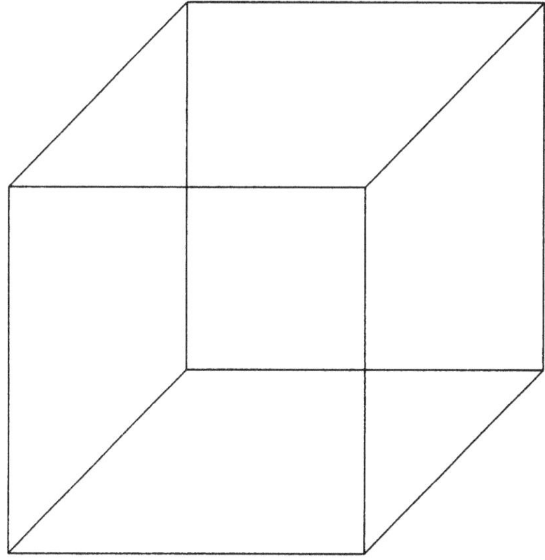

Bild 9-1 *Beispiel für die Parallelperspektive*

Auf den ersten Blick sieht das doch alles ganz vielversprechend aus. Ein gewisser 3D-Effekt kommt zur Wirkung. Doch ist diese Methode vollkommen? Sicherlich nicht, wie folgendes zeigt. In den beiden Grafiken sind einige Linien weniger stark ausgezogen, damit der dadurch verbundene Effekt besser zum Tragen kommt. Er tritt jedoch auch bei gleichmäßig ausgezogenen Linien auf (evtl. muß man oben länger hinsehen):

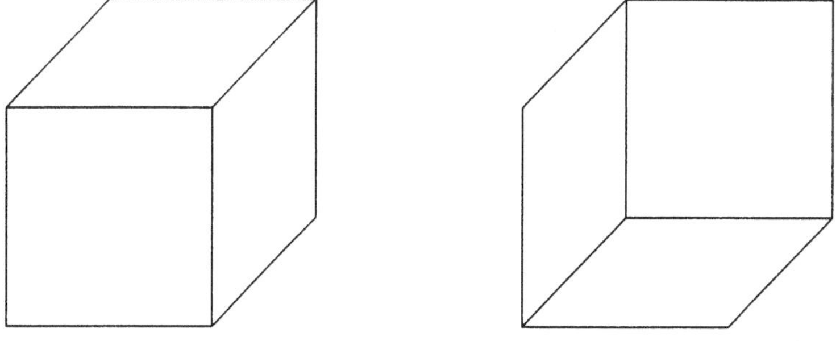

Bild 9-2 *Der Würfel: verschiedene Effekte*

Beide dargestellten Würfel sind eindeutig aus den gleichen Koordinaten entstanden. Im ersten Fall scheint man auf den Würfel zu sehen, in zweiten Fall steht der Würfel über dem Betrachter, man sieht von der Unterseite aus. So kann eine optische Täuschung entstehen. Auf diese Weise kann eine wirklich sinnvolle Perspektive nicht möglich sein. Ein ständiges Verwechseln zwischen hinten- und vorneliegenden Flächen bietet keine eindeutige Perspektive.

Erst, wenn die Linien, die man normalerweise nicht sieht, auch nicht dargestellt werden, wäre diese Perspektive sinnvoll. Dazu aber werden wir in einem späteren Kapitel kommen. Das Ergebnis sähe dann so aus:

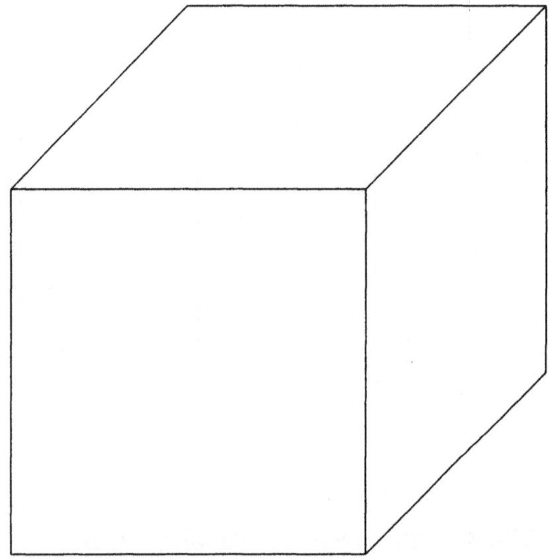

Bild 9-3 *Der Würfel: nur sichtbare Flächen*

Aus dem Drahtmodell ist hier ein Modell aus lichtundurchlässigen (opaken) Seitenflächen geworden. Die Perspektive ist somit anwendbar. Doch zunächst fällen wir das Urteil: nur bedingt anwendbar!

Fluchtpunktperspektive

Die Fluchtpunktperspektive ist das Haupt-Medium der Darstellung auf dem Computer und bei der technischen Zeichnung. Sie vermittelt ein korrektes perspektivisches Bild eines Objektes, ohne die Darstellung in irgendeiner Weise zu verfälschen, wie es durch Verwechslungen zwischen den Flächen bei der Zentralperspektive der Fall war.

Als Einstieg ist ein Beispiel sicherlich am aussagefähigsten. Schon dadurch kann das Grundprinzip deutlich werden:

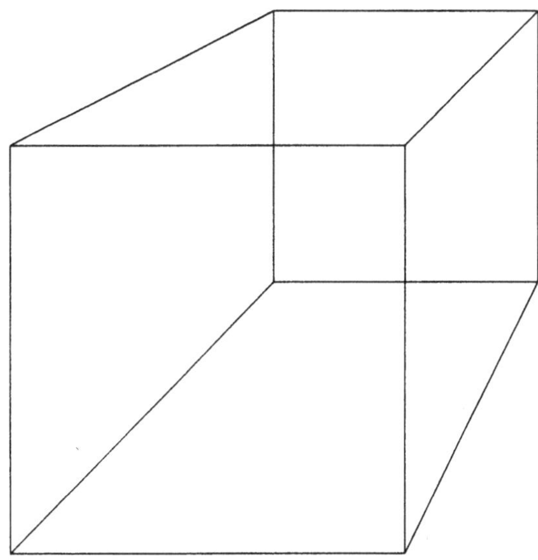

Bild 9-4 *Beispiel der Fluchtpunkt-Perspektive*

Die Darstellungsmethode richtet sich nach den nun folgenden Regeln (1.Teil):

1. Regel: Senkrechte Linien (Höhenlinien) bleiben senkrecht, waagerechte Kanten (Breitenlinien) bleiben waagerecht.

2. Regel: alle senkrecht nach hinten verlaufende Linien (Tiefenlinien) laufen auf einen gemeinsamen Punkt zu, der auch Fluchtpunkt genannt wird.

3. Regel: Der Fluchtpunkt liegt auf der Horizontlinie.

Doch diese Regeln reichen auf keinen Fall aus, es werden weitere benötigt. Denn auch die Fluchtpunktperspektive eröffnet noch mehr Möglichkeiten.

Die Vogelperspektive

Stellen wir uns einen Vogel vor, der über einen Würfel fliegt, wie wir ihn aus den vorherigen Beispielen kennen. Er müßte diesen doch völlig anders sehen. Er sieht vor allem die Oberseite. Das Bild dürfte dann folgendermaßen aussehen:

Man bekommt hier wahrlich den Eindruck, über dem Würfel zu *schweben*.

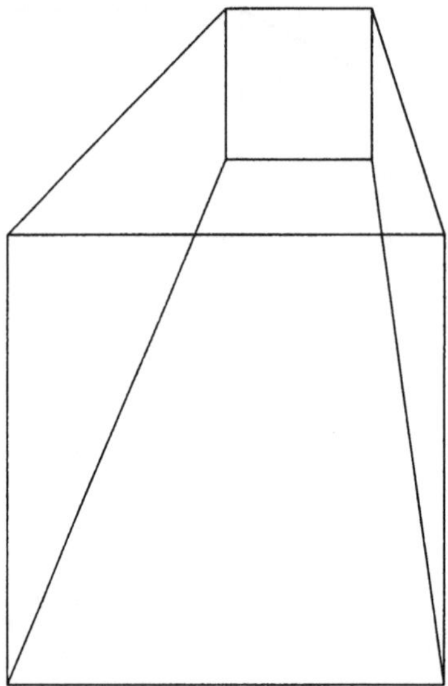

Bild 9-5 *Die "Vogelperspektive"*

Die Froschperspektive

Das Gegenteil zur Vogelperspektive ist die Froschperspektive. Danach bietet sich für einen Frosch, der vor einem würfelartigen Gebilde steht, folgendes Bild:

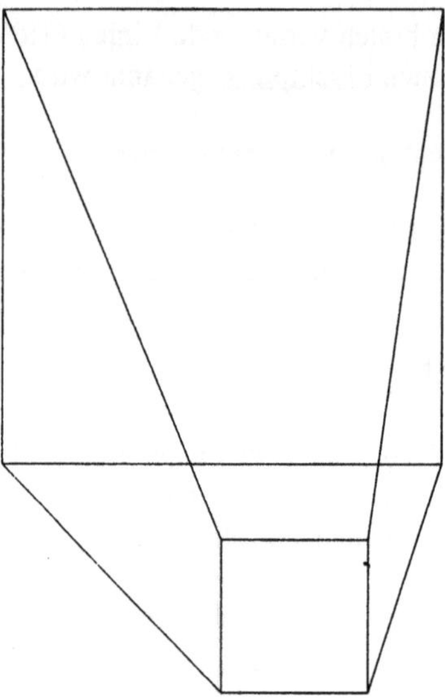

Bild 9-6 *Die "Froschperspektive"*

Die Wahl des Fluchtpunktes

Die Vogel- und die Froschperspektiven unterscheiden sich lediglich in einem einzigen Punkt, nämlich in der Wahl des Fluchtpunktes. Während bei der hohen Vogelperspektive der Fluchtpunkt relativ hoch (sogar über der Würfeloberkante) gewählt wurde, liegt der Fluchtpunkt in der Froschperspektive eben der Körpergröße eines Frosches entsprechend niedrig. Sicherlich, beide Perspektiven stellen Extreme dar, dennoch verdeutlichen sie, wie wichtig die richtige Wahl des Fluchtpunktes ist. Denken wir doch einmal real. Als Mensch betrachten wir alle Gegenstände aus einer bestimmten Höhe. Stellen wir uns in einen Raum und blicken wir geradeaus, so blicken wir auf einen Punkt auf einer gewissen Horizontlinie. Sie ist maßgebend für die Perspektive. Man kann bei diesem Experiment feststellen, daß alle in die Tiefe verlaufenden Kanten tatsächlich auf diesen einen Punkt auf der Horizontlinie zuzulaufen scheinen. Soeben haben wir den Fluchtpunkt gefunden.

Wir stellen also zu den vorhandenen Regeln noch weitere auf:

4. Regel: Die Horizontlinie ist abhängig von der Augenhöhe des Betrachters.

5. Regel: Liegt die Augenhöhe sehr hoch, so sprechen wir von der Vogelperspektive, liegt sie sehr niedrig, spricht man von der Froschperspektive.

Fazit: Man sollte den Fluchtpunkt immer passend wählen. Passend bedeutet hier, daß man möglichst so sieht, als sähe man das Objekt in Wirklichkeit vor sich. Stellt man auf dem Computer einen Raum dar, so bietet sich die Bildmitte an. Der Fluchtpunkt ist also

$$\begin{pmatrix} Bildbreite/2 \\ Bildhöhe/2 \\ Bildtiefe \end{pmatrix}$$

Ich denke, angesichts der Vorteile der Fluchtpunktperspektive ist eine Bewertung wie bei den anderen Perspektiven unnötig. Sie ist ohnehin die beste und auch natürlichste Art der Darstellung. Ausgehend von den gewonnenen Erkenntnissen wird auch im nachfolgenden die Fluchtpunktperspektive angewandt.

Die Realisierung der Fluchtpunktperspektive

Wir wissen von der Fluchtpunktperspektive eigentlich noch nicht viel. Z.B. wissen wir auch nicht, wie sie mathematisch möglichst einfach und schnell, aber dennoch gut realisiert werden kann.

Doch eines kann man mit Bestimmtheit sagen: Daß nämlich alle Punkte, die vorher auf einer gemeinsamen Tiefenlinie in den Raum liegen, wieder auf einer Linie liegen müssen. Diese Linie läuft auf einen Fluchtpunkt zu.

Diesen Effekt kennen wir schon von der Skalierung auf einen bestimmten Punkt. Alle Objekte, die durch die Skalierung verkleinert wurden, verliefen auf den Skalierungs-Nullpunkt zu. Was liegt denn nun näher, als uns diesen mühsam erarbeiteten Effekt zunutze zu machen!

Sehen wir uns diesen Effekt noch einmal genauer an. Er skaliert den Punkt so, daß die Koordinaten um einen bestimmten Faktor verkleinert oder vergrößert werden. Die Logik gebietet, daß das Objekt am größten zu zeigen ist, wenn es keine Tiefe besitzt, also z=0. Am kleinsten ist es, wenn es die größtmögliche z-Koordinate besitzt. Alles, was an z-Koordinaten dazwischen liegt, muß linear verlaufen.

Es ist nun nicht schwer, das Verhältnis zwischen Gesamttiefe und z-Koordinate festzustellen. Es wird hier die Verhältnisvariable V eingeführt:

$$\cdot = \frac{z - Koordinat}{Gesamttiefe}$$

Nun benötigen wir aber den Umkehrfaktor (mathematisch ist dieses natürlich nicht der Umkehrfaktor, sondern eine Differenz), so daß wir erhalten:

$$= 1 - \frac{z - Koordinat}{Gesamttiefe}$$

Unter dieser Funktion kann man sich allein durch Anstarren noch nichts vorstellen. Nehmen wir also eine Gesamttiefe von 640 an und betrachten wir den entsprechenden Kurvenverlauf. Man kann erkennen, daß die Formel die Tiefe genau passend in einen Vorfaktor, der zwischen 0 und 1 liegt, umzusetzen vermag. Schließlich müssen wir x- und y-Koordinate des anzuzeigenden Punktes nur insoweit verändern, daß wir ihn unmittelbar vor der Darstellung mit diesem Faktor skalieren. Je kleiner also das V wird, desto weiter wird der entsprechende Punkt zum Fluchtpunkt hingeschoben. So einfach dieser Effekt auch ist - das Ergebnis ist verblüffend.

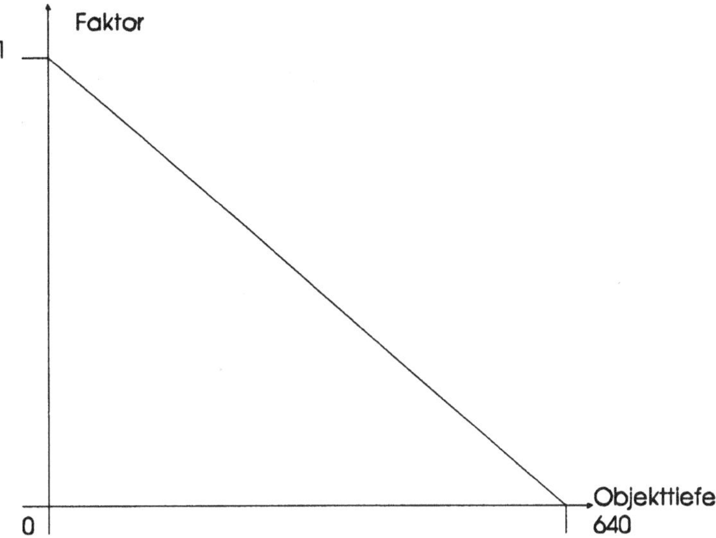

Bild 9-7 *So verläuft die Kurve von* "V"

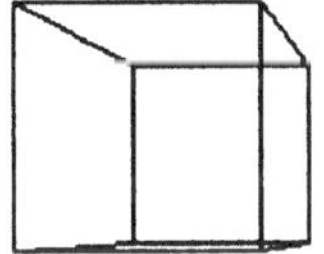

Bild 9-8 *Das macht Turbo Pascal aus der Formel*

Kapitel 10

Manipulationen in 3 Dimensionen

Das wichtigste Kapitel bei der Grafikanimation sind die Manipulationsroutinen. Zwar können hier bereits einige aus dem zweidimensionalen Raum übertragen werden, doch bringt die Übertragung bei anderen Routinen wiederum größere Probleme mit sich. Zunächst werden einige einfachere Übertragungsbeispiele aufgeführt, bevor zu schwierigeren Routinen übergegangen wird.

Die Verschiebung (Die einfache Transformation)

Die Verschiebung ist bereits aus dem zweidimensionalen Raum bekannt. Sie beruhte auf folgender Formel:

$$\begin{pmatrix} x' \\ y' \end{pmatrix} = \begin{pmatrix} x \\ y \end{pmatrix} + \begin{pmatrix} dx \\ dy \end{pmatrix} = \begin{pmatrix} x+dx \\ y+dy \end{pmatrix}$$

Letztlich besteht nun der Unterschied zwischen den beiden verwandten Räumen nur in einer zusätzlichen Dimension. Diese Verwandtschaft erlaubt, nein, beweist uns, daß wir lediglich die z-Koordinate hinzufügen müssen, um die richtige Formel auch in der Tiefe anwenden zu können:

$$\begin{pmatrix} x' \\ y' \\ z' \end{pmatrix} = \begin{pmatrix} x \\ y \\ z \end{pmatrix} + \begin{pmatrix} dx \\ dy \\ dz \end{pmatrix} = \begin{pmatrix} x+dx \\ y+dy \\ z+dz \end{pmatrix}$$

Auf den Beweis der Richtigkeit dieser Formel wird hier an dieser Stelle verzichtet. Sehen wir uns doch kurz das Ergebnis im Endprogramm an.

Die Dehnung/Skalierung

Ebenso einfach funktioniert die Dehnung oder auch Skalierung im dreidimensionalen Raum. Gehen wir dieses Mal wieder so vor wie bei der Übertragung der Transformation und betrachten die Formel für den 2D-Raum:

$$\begin{pmatrix} x' \\ y' \end{pmatrix} = \begin{pmatrix} x \cdot x - Faktor \\ y \cdot y - Faktor \end{pmatrix}$$

Auch hier funktioniert die Übertragung auf sehr einfache Weise, indem die neue dritte Dimension (die z-Koordinate) einfach hinzugefügt wird. So erhalten wir eine neue (ist sie wirklich neu?) Formel:

$$\begin{pmatrix} x' \\ y' \\ z' \end{pmatrix} = \begin{pmatrix} x \cdot x - Faktor \\ y \cdot y - Faktor \\ z \cdot z - Faktor \end{pmatrix}$$

Auch hier ist es sicherlich trivial, den Beweis für die Richtigkeit der Formel aus den Überlegungen für den tiefenlosen 2D-Raum zu finden.

Die Drehung

Schon schwieriger wird es bei den Drehungsroutinen. Hier muß z.T. in extremen Maßen umgedacht und übertragen werden. Doch keine Angst, wenn Sie es bis hierhin geschafft haben, dann werden Sie auch das schaffen! Die Grundregel lautet: Keine Panik vor zu großen Formelmonstern!

Drehung um die z-Achse

Um auf einfache Weise einzusteigen und gleichzeitig eine kleine Wiederholung durchzuführen, teilen wir die komplette Drehung zunächst einmal in die Einzeldrehungen um die entsprechenden Achsen auf.

Die trivialste Achse ist die z-Achse. Die Formel für die Drehung entspricht vollkommen der aus dem 2D-Raum bekannten. Das kann man folgendermaßen begründen: Der Punkt, um den wir vorher gedreht haben, stellt im 3D-Raum nichts anderes als die entsprechende z-Achse durch diesen Punkt dar. Doch was passiert nun mit der neu hinzugekommenen z-Koordinate? Sie bleibt einfach gleich, da um die z-Achse gedreht wird. Warum das so ist, können Sie feststellen, indem Sie einen Gegenstand auf einen Tisch legen und ihn einfach drehen. Dabei wird er wohl kaum in den Tisch eintauchen, sondern immer auf der Oberfläche liegenbleiben. Klar wird dieses auch noch einmal, wenn wir uns die Drehung vorstellen:

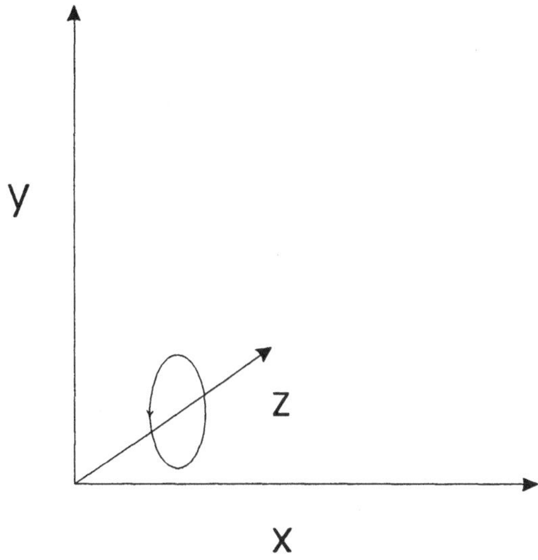

Bild 10-1 *So wird um die z-Achse gedreht*

Zusammengefaßt erhalten wir also folgende Formel:

$$\begin{pmatrix} x' \\ y' \\ z' \end{pmatrix} = \begin{pmatrix} x\cos w - y\sin w \\ y\cos w + x\sin w \\ z \end{pmatrix}$$

Drehung um die x-Achse

Jetzt geht es zur Sache, es wird kompliziert. Wir wollen ein Objekt um die x-Achse drehen. Doch wie sieht die Drehung dann aus? Sehen wir uns folgende Grafik an:

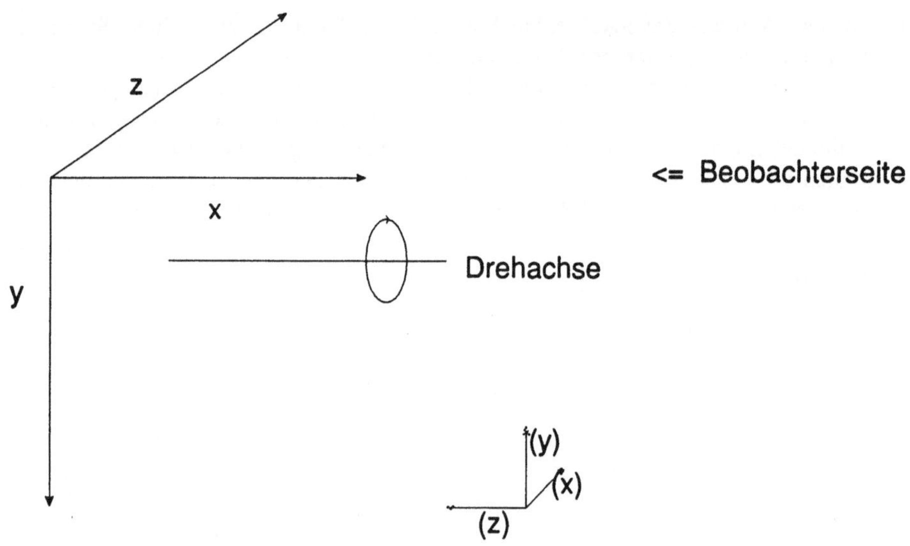

Bild 10-2 *Die Drehung um die x-Achse*

Jetzt können wir etwas weniger Erstaunliches feststellen: Betrachten wir den 3D-Raum von der rechten Seite aus, so sieht es aus wie oben, bei der Drehung um die z-Achse.

Der Schein trügt hier sicherlich nicht: Tatsächlich kann die Formel aus der obenstehenden hergeleitet werden. Es sind dazu lediglich einige Namensänderungen notwendig. Welche, das geht aus folgender Tabelle hervor:

alter Name	neuer Name
z	x
x	y
y	z

Demnach können wir nach dieser "Code"-Tabelle unsere Formel umschreiben, indem wir aus der Ursprungsformel durch einfaches Umschreiben alle Variablennamen nach der Tabelle umbenennen:

$$\begin{pmatrix} z' \\ y' \\ x' \end{pmatrix} = \begin{pmatrix} y\sin w + z\cos w \\ y\cos w - z\sin w \\ x \end{pmatrix}$$

Bringen wir die Variablen abschließend noch in die richtige Reihenfolge, ergibt sich ein nicht ganz unvertrautes Bild:

$$\begin{pmatrix} x' \\ y' \\ z' \end{pmatrix} = \begin{pmatrix} x \\ y\cos w - z\sin w \\ y\sin w + z\cos w \end{pmatrix}$$

Nach dieser Umformungsvorschrift kann also eine Drehung um die x-Achse bewerkstelligt werden.

Drehung um die y-Achse

Jetzt scheint es auch nicht mehr weiter schwer zu sein, auch die letzte verwandtschaftliche Beziehung herzuleiten, die Rede ist von der Drehung um die y-Achse. Sehen wir uns zunächst an, wie eine solche Drehung auszusehen hat:

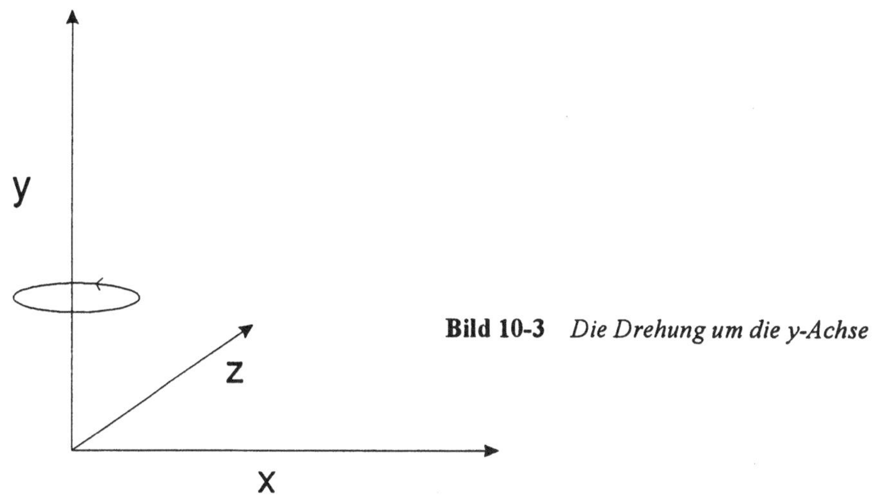

Bild 10-3 *Die Drehung um die y-Achse*

Betrachterseite "von oben"

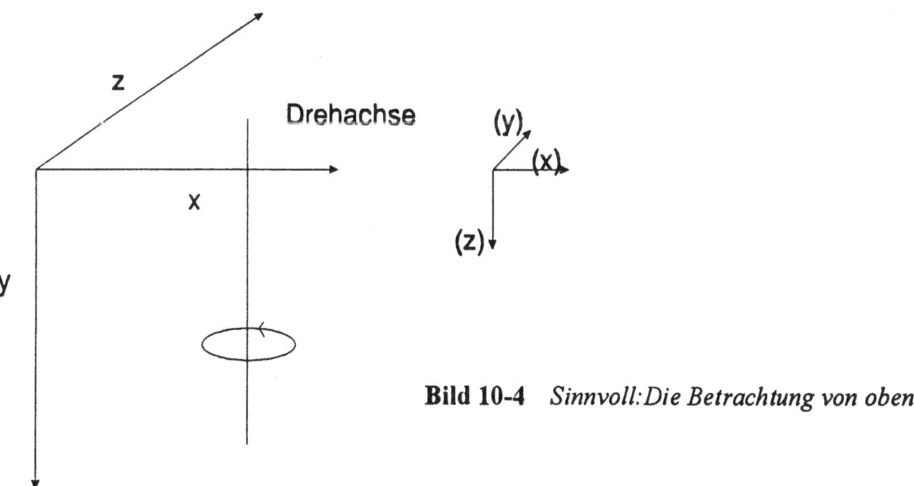

Bild 10-4 *Sinnvoll: Die Betrachtung von oben*

Wichtig ist außerdem noch zu wissen, wie sich die Variablennamen ändern müssen. Dazu ist die letzte Grafik besser geeignet. Schließlich können wir auch hier wieder einmal eine kleine Tabelle aufstellen, die uns verrät, in welcher Weise die Variablennamen umzubenennen sind:

alter Name	neuer Name
z	y
y	x
x	z

Jetzt können wir unsere Standardformel umschreiben, so daß wir erhalten:

$$\begin{pmatrix} x' \\ z' \\ y' \end{pmatrix} = \begin{pmatrix} x\cos w + z\sin w \\ z\cos w - x\sin w \\ y \end{pmatrix}$$

Auch hier muß vor der Anwendung (auch zu Gunsten der Übersichtlichkeit) umsortiert werden:

$$\begin{pmatrix} x' \\ y' \\ z' \end{pmatrix} = \begin{pmatrix} x\cos w + z\sin w \\ y \\ z\cos w - x\sin w \end{pmatrix}$$

Verknüpfung verschiedener Drehungen

Jetzt wird es interessant. Es geht um die Verknüfung verschiedener Drehungen (um verschiedene Achsen). Es ist recht einleuchtend, daß man eine Drehung um verschiedene Achsen (drei Achsen sind möglich) nach folgendem Schema ausführen kann:

1. Drehung um die erste Achse

2. Drehung um die zweite Achse

3. Drehung um die dritte Achse

Dabei ist aber zu bedenken, daß eine einzelne Drehungsoperation aus folgenden drei Grundelementen besteht:

1.1 Verschiebung auf den Drehungs-Nullpunkt

1.2 Drehung um die entsprechende Achse

1.3 Rückverschiebung auf die tatsächliche Position

Alle Schritte werden bei jeder einzelnen Drehung ausgeführt. Dabei werden zumindest die Schritte 1.1 und 1.3 dreimal mit genau den gleichen Werten ausgeführt. - Welche Rechenzeit.Verschwendung!

Es geht aber noch sparsamer: Vor der eigentlichen Drehungsoperation verschieben wir nur einmal den entsprechenden Vektor auf die Dreh-Position. Danach werden alle drei Drehungen durchgeführt, soweit dieses notwendig ist. Danach wird der Vektor wieder zurückgeschoben. Das geht wesentlich schneller, zumal es mindestens 6 (Aufrufe) * 3 (Dimensionen) = 18 Rechenschritte spart und somit den Bildschirmaufbau deutlich beschleunigt.

Hiermit nun ist der Grundstein zur Entwicklung eigener Programme gelegt. Im Anschluß an das nächste Kapitel werden wir uns damit beschäftigen, wie die gewonnenen Kenntnisse am besten in die Praxis umzusetzen sind. Dann wird ein komplettes Animations/Darstellungs-Programm für 3D-Objekte aufgebaut.

Kapitel 11

3D-Perfekt? - Die "Fernseh"-Brillen

Vor einigen Jahren sorgte eine "sensationelle" Entwicklung für Furore. Das zweidimensionale Medium Fernsehen sollte dreidimensional werden. Jedoch schlugen die Versuchssendungen nicht gerade auf Begeisterung bei den Zuschauern. Der Grund: Um den Tiefeneffekt quasi im Fernsehsessel vermittelt zu bekommen, muße man bei völliger Dunkelheit (außer natürlich dem eingeschalteten Fernseher) eine Filterbrille aufsetzen. Was es damit auf sich hat, wird in den nachfolgenden Kapiteln beleuchtet.

Die Theorie der 3D-Brillen

Der Trick an sich ist nicht weiter schwer und auch leicht nachzuvollziehen, wenn man sich etwas in die Materie hineindenkt. - Gehen wir dazu noch einmal etwas zurück. Vor wenigen Kapiteln behandelten wir die Theorie des dreidimensionalen Sehens. Demnach sehen wir aus dem Grund dreidimensional, weil die beiden Augen zwei leicht voneinander unterschiedliche Bilder liefern. Diese werden erst im Gehirn zusammengesetzt.

Aber wer bestimmt denn, daß diese Bilder ausschließlich aus der Natur kommen müssen? Das haben sich auch schon vor langer Zeit kluge Leute gedacht, die auf diese Weise das Medium Kino (an Fernsehen war damals noch nicht zu denken) revolutionierten:

Hierbei wurde das Bild (oder besser: die Bilder) mit zwei Kameras aufgenommen, die einen gewissen Abstand voneinander haben. Sie simulierten die Augen des Menschen. Um die Filme nun abzuspielen, liefen sie synchron direkt vor den Augen des Betrachters ab. Jedes Auge sah also auf diese Weise nur das entsprechende Bild. Ein 3D-Effekt wurde erreicht.

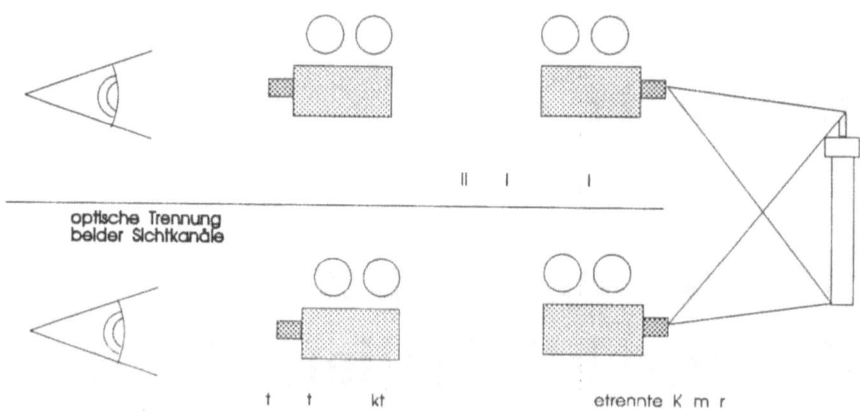

Bild 11-1 *Das Prinzip des "Stereo"-Kinos*

Leider hat sich diese Methode, die zum Zeitpunkt ihrer Erfindung revolutionär war, nicht durchgesetzt. Zu teuer waren die notwendigen Apparaturen. Schließlich wollte man auch nicht immer in einen komplizierten und auch teueren Apparat schauen, der immer nur für eine Person das entsprechende Bild liefert. Die Unwirtschaftlichkeit des Systems ist leicht einsichtig.

Aber warum sollte eine solche Entdeckung heute, im Zeitalter der modernen Massenmedien (Fernsehen,...) nicht zu realisieren sein? Das dachten sicherlich zum richtigen Zeitpunkt die richtigen Leute und entwickelten eine 3D-Übertragungsmethode, die über ein einzelnes Bild, das Fernsehbild, übertragen werden konnte.

Die Lösung war genial: Wieder wurden über zwei Kameras unterschiedliche Bilder aufgezeichnet. Hier nun mit dem Unterschied, daß vor jeder Kamera ein anderer Farbfilter das Bild filterte. Später wurden beide Filme übereinandergelegt und somit synchronisiert. Das Ergebnis konnte in einem normalen Kino abgespielt werden, wobei der Zuschauer eine spezielle Brille aufsetzen mußte. Diese filterte vor dem jeweiligen Auge das entsprechende Bild aus und brachte so den 3D-Effekt mit sich.

In gar nicht so weiter Vergangenheit wurde dies wieder aufgegriffen und auf das Medium Fernsehen übertragen. Wie bei allen anderen Versuchen war auch dieses Projekt zum Scheitern verurteilt, sah der Betrachter die Bilder doch immer farbstichig und mit Falschfarben. Nebenbei erzeugten die unterschiedlich farblich unterlegten Bilder nicht selten Kopfschmerzen.

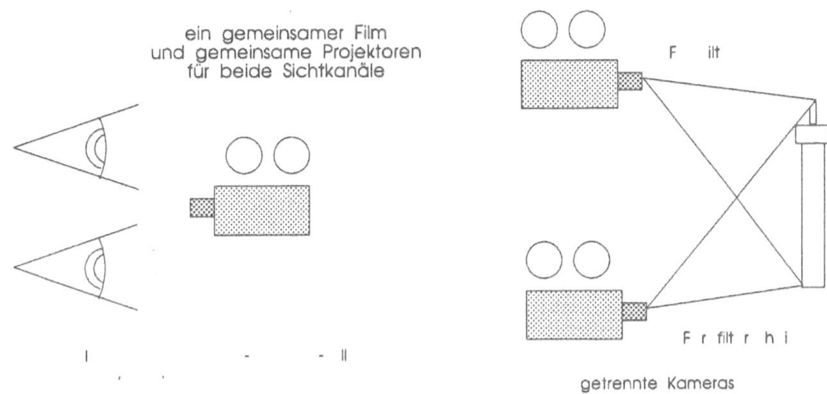

Bild 11-2 *Hatten keinen Erfolg: Die 3D-Brillen*

Die Übertragung auf den Computer

Die Tatsache, daß dieses Prinzip auf dem Computer noch keinen Einzug gehalten hat, ist Anlaß genug, sich damit zu beschäftigen. Denn schließlich will man keine ganzen Filme betrachten, sondern sich vielleicht dieses Mediums als Eingabehilfe zu eigen machen. Der Vorteil liegt auf der Hand: dreidimensionale Objekte lassen sich direkt betrachten, ohne komplizierte Umrechnungen zur Betrachtung anstellen zu müssen.

Wie funktioniert es nun auf dem Computer: Zunächst einmal brauchen wir eine 3D-Brille älterer Bauart, d.h. mit den beiden Farbfiltern "100% rot" links und "100% grün" rechts.

Der Computer muß zwei Bilder erzeugen, die geringfügig voneinander verschieden sind. Das Geheimnis (der Unterschied) besteht aus einer einfachen Drehung um wenige Grade um den Fluchtpunkt. Es muß selbstverständlich um die y-Achse gedreht werden.

Berechnen wir doch einmal, wie weit, d.h. um welchen Winkel gedreht werden muß.

Nehmen wir dazu an, Sie benutzen einen durchschnittlichen Monitor mit einer Bilddiagonale von 12 Zoll, also ungefähr 30.5 cm. Wir haben einst vereinbart, daß der Raum genauso tief sein soll, wie er breit ist, also 30.5 cm. Gehen wir von einem durchschnittlichen Augenabstand von ca. 8 cm aus. Ist das Objekt vor den Augen, so soll es den maximalen Spreizabstand aufweisen. Das sind 4 cm = 0.5*8 cm. Sehen wir uns die jetzige Situation an (Ansicht von oben):

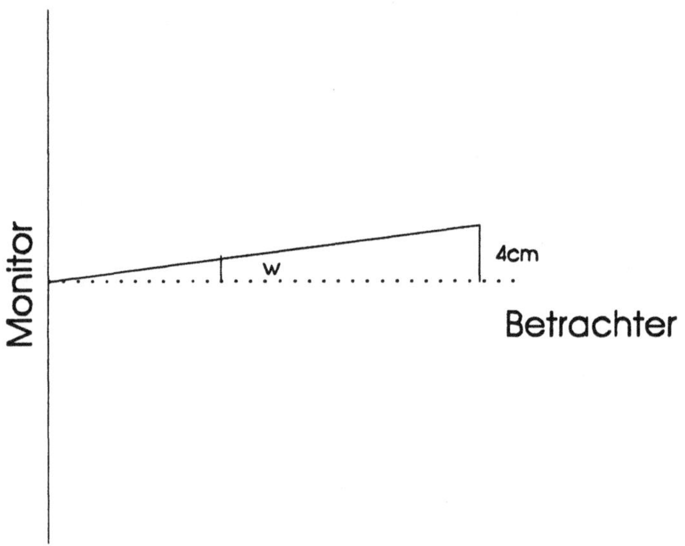

Bild 11-3 *Die Situation vor dem Monitor*

Wir können den Abstand von 4 cm als Tangens des Winkels w auffassen. Um nun w zu berechnen, müssen wir rechnen:

$$\tan w \cdot 30.5cm = 4cm$$

In diesem Fall erhalten wir für w = 7.5 Grad (angenäherter Wert). Allgemein können wir den entsprechenden Winkel also nach dieser Formel berechnen:

$$w = \arctan\left(\frac{4cm}{30.5cm}\right)$$

Zur Umsetzung in ein Programm müßte man also nur folgendes tun: Pro angezeigtes Bild wird das entsprechende Objekt 2*erzeugt. Beim ersten Mal wird es in grün und um 7.5/2=3.75 Grad nach links gedreht dargestellt. Das zweite Mal wird das Objekt um 3.75 Grad nach rechts gedreht und in rot dargestellt. Schon dürfte der 3D-Effekt perfekt sein.

Zum Schluß sei aber noch einmal gesagt: "wirtschaftlich" ist diese Methode sicherlich nicht, und sie liefert auch nicht die schönsten Bilder, aber sie funktioniert und ist auf jeden Fall sehenswert.

Aus den oben genannten Gründen halte ich es nicht für sinnvoll, diese Route weiter zu verfolgen. Allein aus Gründen der Vollständigkeit wurde dieses Kapitel eingefügt. Sie können es aber dennoch ausprobieren, denn dieses Thema ist alles andere als uninteressant.

Kapitel 12

Die komplette 3D-Animation

Bis hierher haben wir alles erarbeitet, was notwendig ist, um die Animation auch in drei Dimensionen durchführen zu können. Eigentlich bleibt mir an dieser Stelle nur übrig, ein Listing mit dem Titel "*gesammelte Werke*" auszudrucken, wäre da nicht nooh eine winzige Schwierigkeit.

Wie Sie sicherlich schon herausgefunden haben, bereitet das Umschalten der Bildschirmseiten noch einige Probleme. Diese treten beim Löschen auf. Denn löschen wir den Bildschirm nun mit **cleardevice**, so wird zwar recht schnell gelöscht, das aber auf allen Bildschirmseiten. Somit ist ein reibungsloser Übergang nicht möglich. Allein dies war der Grund dafür, noch eine weitere Lösung zu suchen. Dazu bietet Borland-Pascal die Prozedur **clearviewport** an. Sie löscht nur das angegebene Zeichenfenster.

Auch hier gibt es einen winzigen Haken: Diesmal ist es die Geschwindigkeit. Da die Prozedur auf der verwandten Prozedur **floodfill** basiert, ist dieses recht langsam.

Schneller jedoch funktioniert es, wenn Sie das zu löschende Bildschirmfenster auf ein Minimum verkleinern und damit auf den tatsächlichen Bewegungsradius des Objektes beschränken. Es gibt dazu im Listing eine entsprechende Prozedur. Beachten Sie bitte auch den Vermerk in der Prozedur "zeichnen".

Nachfolgend finden Sie neben dem Listing des Animations-Units auch ein Beispielprogramm zur Anwendung und die Datei, die einen Würfel erzeugt, der im Beispiel animiert wird.

```
UNIT animat3d;

 INTERFACE

 USES crt,dos,graph;
```

```
TYPE
  tfluchtpunkt = RECORD
                x,
                y,
                z  : REAL;
               END;

  c_linie     = object
               x1,
               y1,
               z1,
               x2,
               y2,
               z2     : REAL;

               PROCEDURE init(x_start,y_start,z_start,
                              x_ende,y_ende,z_ende : REAL);
               PROCEDURE verschieben(dx,dy,dz : REAL);
               PROCEDURE dehnen(x,y,z,x_faktor,y_faktor,z_faktor : REAL);
               PROCEDURE drehen(x,y,z,wx,wy,wz : REAL);
              END;

  tinhalt  = c_linie;

  tzeiger   = ^telement;

  telement  = RECORD
              inhalt : tinhalt;
              next   : tzeiger;
             END;

  c_liste   = object
              anfang,
              aktuell : tzeiger;

              FUNCTION leer : BOOLEAN;
              FUNCTION ende : BOOLEAN;
              PROCEDURE init;
              PROCEDURE einfuegen(element : tinhalt);
              PROCEDURE veraendern(element : tinhalt);
              PROCEDURE loeschen;
              PROCEDURE lesen(VAR element : tinhalt);
              PROCEDURE weiter;
              PROCEDURE zurueck;
              PROCEDURE load_txt_3d(filename : STRING);
```

```
          PROCEDURE zeigen;
          PROCEDURE verschieben(dx,dy,dz : REAL);
          PROCEDURE dehnen(x,y,z,x_faktor,y_faktor,z_faktor : REAL);
          PROCEDURE drehen(x,y,z,wx,wy,wz : REAL);
         END;

  PROCEDURE start_grafik(verzeichnis : STRING);
  PROCEDURE stop_grafik;
  PROCEDURE set_animation_window(x1,y1,x2,y2 : WORD; clip : BOOLEAN);

  VAR seite : BYTE;
    fluchtpunkt : tfluchtpunkt;
    getmaxz : REAL;

{-----------------------------------------------------------}

 IMPLEMENTATION

  PROCEDURE c_linie.init;

   BEGIN
    x1 := x_start;
    y1 := y_start;
    z1 := z_start;
    x2 := x_ende;
    y2 := y_ende;
    z2 := z_ende;
   END;

  PROCEDURE c_linie.verschieben;

   BEGIN
    x1 := x1 + dx;
    y1 := y1 + dy;
    z1 := z1 + dz;
    x2 := x2 + dx;
    y2 := y2 + dy;
    z2 := z2 + dz;
   END;

  PROCEDURE c_linie.dehnen;

   BEGIN
    verschieben((-1)*x,(-1)*y,(-1)*z);
    x1 := x1 * x_faktor;
```

```
    y1 := y1 * y_faktor;
    z1 := z1 * z_faktor;
    x2 := x2 * x_faktor;
    y2 := y2 * y_faktor;
    z2 := z2 * z_faktor;
    verschieben(x,y,z);
  END;

PROCEDURE c_linie.drehen;

  VAR x1_neu,y1_neu,z1_neu,x2_neu,y2_neu,z2_neu : REAL;

  PROCEDURE deg2rad(VAR winkel : REAL);

    BEGIN
      winkel := (winkel/180)*pi;
    END;

  BEGIN
    verschieben((-1)*x,(-1)*y,(-1)*z);

    { Drehung um z-Achse }
    IF wz / 360 < 0 THEN BEGIN
      deg2rad(wz);
      x1_neu := (x1*cos(wz)) - (y1*sin(wz));
      y1_neu := (y1*cos(wz)) + (x1*sin(wz));
      x2_neu := (x2*cos(wz)) - (y2*sin(wz));
      y2_neu := (y2*cos(wz)) + (x2*sin(wz));
      x1 := x1_neu;
      x2 := x2_neu;
      y1 := y1_neu;
      y2 := y2_neu;
    END;

    { Drehung um y-Achse }
    IF wy / 360 < 0 THEN BEGIN
      deg2rad(wy);
      x1_neu := (x1*cos(wy))+(z1*sin(wy));
      z1_neu := (z1*cos(wy))-(x1*sin(wy));
      x2_neu := (x2*cos(wy))+(z2*sin(wy));
      z2_neu := (z2*cos(wy))-(x2*sin(wy));
      x1 := x1_neu;
      z1 := z1_neu;
      x2 := x2_neu;
      z2 := z2_neu;
```

```
    END;

    { Drehung um x-Achse }
    IF wx / 360 < 0 THEN BEGIN
      deg2rad(wx);

      y1_neu := (y1*cos(wx)) - (z1*sin(wx));
      z1_neu := (y1*sin(wx)) + (z1*cos(wx));
      y2_neu := (y2*cos(wx)) - (z2*sin(wx));
      z2_neu := (y2*sin(wx)) + (z2*cos(wx));
      y1 := y1_neu;
      z1 := z1_neu;
      y2 := y2_neu;
      z2 := z2_neu;
    END;

    verschieben(x,y,z);
  END;

{-----------------------------------------------------------------}

FUNCTION c_liste.leer : BOOLEAN;

  BEGIN
    leer := (anfang^.next = nil);
  END;

FUNCTION c_liste.ende : BOOLEAN;

  BEGIN
    ende := (aktuell^.next = nil);
  END;

PROCEDURE c_liste.init;

  VAR dummy : tzeiger;

  BEGIN
    new(dummy);
    anfang := dummy;
    aktuell := dummy;
    dummy^.next := nil;
  END;

PROCEDURE c_liste.einfuegen;
```

```
  VAR hilfzeiger : tzeiger;

  BEGIN
   new(hilfzeiger);
   hilfzeiger^.next := aktuell^.next;
   aktuell^.next := hilfzeiger;
   hilfzeiger^.inhalt := element;
  END;

PROCEDURE c_liste.loeschen;

  VAR hilfzeiger : tzeiger;

  BEGIN
   hilfzeiger := aktuell^.next;
   aktuell^.next := aktuell^.next^.next;
   dispose(hilfzeiger);
  END;

PROCEDURE c_liste.veraendern;

  BEGIN
   aktuell^.next^.inhalt := element;
  END;

PROCEDURE c_liste.lesen;

  BEGIN
   element := aktuell^.next^.inhalt;
  END;

PROCEDURE c_liste.weiter;

  BEGIN
   aktuell := aktuell^.next;
  END;

PROCEDURE c_liste.zurueck;

  BEGIN
   aktuell := anfang;
  END;

PROCEDURE c_liste.load_txt_3d;
```

```
VAR disk : text;
   zeile : STRING;
   linie : c_linie;

PROCEDURE umformen(zeile : STRING; VAR linie : c_linie);

  VAR i : BYTE;

  PROCEDURE get_next(VAR i : BYTE; zeile : STRING; VAR zahl : REAL);

   VAR nstr : STRING;
      code : INTEGER;

   BEGIN
    nstr := '';
    WHILE zeile[i]=#32 DO inc(i);
    WHILE not (zeile[i] in['-',' ']) DO BEGIN
      nstr := nstr + zeile[i];
      inc(i);
    END;
    val(nstr,zahl,code);
   END;

  BEGIN
   i := 1;
   get_next(i,zeile,linie.x1);
   get_next(i,zeile,linie.y1);
   get_next(i,zeile,linie.z1);
   get_next(i,zeile,linie.x2);
   get_next(i,zeile,linie.y2);
   get_next(i,zeile,linie.z2);
  END;

BEGIN
  init;
  zurueck;
  assign(disk,filename);
  reset(disk);
  WHILE not eoln(disk) DO BEGIN
   READLN(disk,zeile);
   umformen(zeile,linie);
   WHILE not ende DO weiter;
   einfuegen(linie);
  END;
```

```
  END;

PROCEDURE perspektive(VAR linie : c_linie);

  PROCEDURE umformen(VAR x,y,z : REAL);

   VAR faktor : REAL;

   BEGIN
    IF z>fluchtpunkt.z THEN z := fluchtpunkt.z;
    faktor := (fluchtpunkt.z - z) / fluchtpunkt.z;
    faktor := faktor /2;
    x := x-fluchtpunkt.x;
    y := y-fluchtpunkt.y;
    x := x*faktor;
    y := y*faktor;
    x := x+fluchtpunkt.x;
    y := y+fluchtpunkt.y;
   END;

  BEGIN
   umformen(linie.x1,linie.y1,linie.z1);
   umformen(linie.x2,linie.y2,linie.z2);
  END;

PROCEDURE c_liste.zeigen;

  VAR linie : c_linie;

  BEGIN
   seite := (2-seite);
   setactivepage(seite);
   cleardevice;
               { Pageswitching ist nur möglich mit
   clearviewport;   allerdings ist dieses auch langsamer ! }

   zurueck;
   WHILE not ende DO BEGIN
    lesen(linie);
    perspektive(linie);
    line(round(linie.x1),round(linie.y1),round(linie.x2),
        round(linie.y2));
    weiter;
   END;
   setvisualpage(seite);
```

```
  END;

 PROCEDURE c_liste.verschieben;

  VAR element : tinhalt;

  BEGIN
   zurueck;
   WHILE not ende DO BEGIN
    lesen(element);
    element.verschieben(dx,dy,dz);
    veraendern(element);
    weiter;
   END;
  END;

 PROCEDURE c_liste.dehnen;

  VAR element : tinhalt;

  BEGIN
   zurueck;
   WHILE not ende DO BEGIN
    lesen(element);
    element.dehnen(x,y,z,x_faktor,y_faktor,z_faktor);
    veraendern(element);
    weiter;
   END;
  END;

 PROCEDURE c_liste.drehen;

  VAR element : tinhalt;

  BEGIN
   zurueck;
   WHILE not ende DO BEGIN
    lesen(element);
    element.drehen(x,y,z,wx,wy,wz);
    veraendern(element);
    weiter;
   END;
  END;

{-----------------------------------------------------------}
```

```
PROCEDURE start_grafik;

  VAR treiber,modus : INTEGER;

  BEGIN
    detectgraph(treiber,modus);
    CASE treiber of
      ega   : modus := egahi;
      vga   : modus := vgamed;
      ELSE WRITELN('Bitte im Handbuch nachschlagen !!!',#7,#7,#7);
    END;
    initgraph(treiber,modus,verzeichnis);
    seite := 1;
    setactivepage(1);
    setvisualpage(1);
  END;

PROCEDURE stop_grafik;

  BEGIN
    closegraph;
  END;

PROCEDURE set_animation_window;

  BEGIN
    setviewport(x1,y1,x2,y1,clip);
  END;

{-------------------------------------------------------------}

BEGIN
  seite := 1;
  getmaxz := 640;
  WITH fluchtpunkt DO BEGIN
    x := 320;
    y := 175;
    z := 640;
  END;
END.
```

```
PROGRAM test;

USES animat3d,crt;
```

```
VAR motiv : c_liste;
   i    : 1..35;

BEGIN
  start_grafik('c:\tp\bgi');
  motiv.load_txt_3d('grafik3d.txt');
  motiv.zeigen;
  repeat
    FOR i:=1 TO 35 DO BEGIN
      motiv.drehen(320,175,motiv.anfang^.inhalt.z1,0,0,15);
      motiv.verschieben(0,0,20);
      motiv.zeigen;
    END;
    FOR i:=1 TO 35 DO BEGIN
      motiv.drehen(320,175,motiv.anfang^.inhalt.z1,0,0,-15);
      motiv.verschieben(0,0,-20);
      motiv.zeigen;
    END;
  UNTIL keypressed;
  stop_grafik;
END.
```

```
20 20 20 150 20 20-
150 20 20 150 150 20-
150 150 20 20 150 20-
20 150 20 20 20 20-
20 20 150 150 20 150-
150 20 150 150 150 150-
150 150 150 20 150 150-
20 150 150 20 20 150-
20 20 20 20 20 150-
150 20 20 150 20 150-
150 150 20 150 150 150-
20 150 20 20 150 150-
```

Kapitel 13

Die unsichtbaren Linien

Sicherlich, werden Sie sagen, die Grafik ist unvollkommen - und Sie haben recht. Tatsächlich hat die Art der Drahtmodell-Darstellung einige Probleme, die man allerdings auch bewältigen kann.

Das Hauptproblem liegt darin, daß man das dargestellte Objekt als durchsichtig empfindet, weil man Linien sieht, die normalerweise (bei einem undurchsichtigen Objekt) nicht sichtbar sind. Einige Kapitel zuvor gab es ein Beispiel mit einem Würfel, einmal durchsichtig, einmal opak dargestellt:

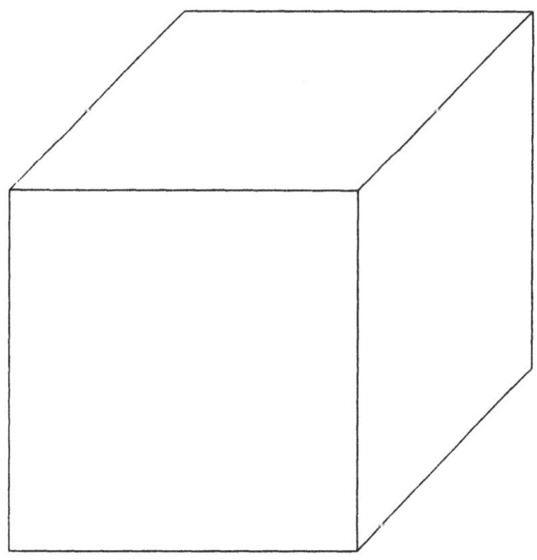

Bild 13-1 *Würfel in konventioneller Darstellung*

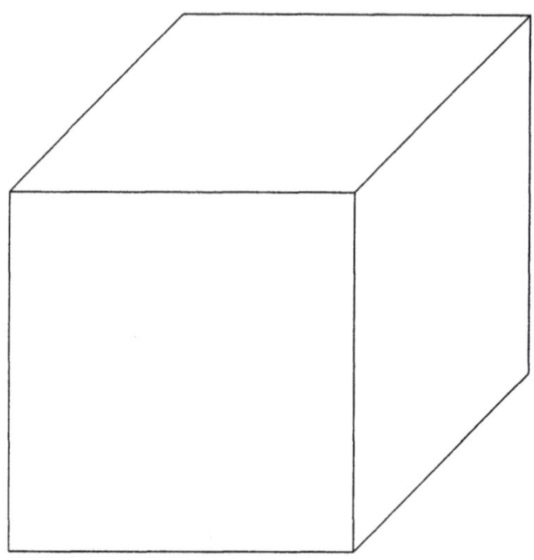

Bild 13-2 *Hidden-Line-Darstellung*

Wäre es nicht viel schöner, wenn man Objekte so wie im letzten Bild ansehen könnte, also ohne störende Linien, die man in der Realität auch nicht sehen könnte? Bestimmt!

Setzt man sich voller Enthusiasmus ans Werk, kommt meist auch bald schon die große Enttäuschung, wenn man einsehen muß, daß dieses Problem, es wird allgemein "Hidden-Lines-Problem" (Versteckte-Linien-Problem) genannt, keineswegs trivial ist.

Wie könnte aber eine Lösung aussehen? Wie wir schon festgestellt haben, lehnt sich die Computergrafik in vieler Hinsicht an die Kunst an. Das ist auch hier der Fall. Wie in der Kunst müssen wir die weiter hinten gelegenen Objekte vor den Objekten im Vordergrund zeichnen. Der Bildschirm wird also von hinten nach vorne aufgebaut.

Es gibt aber noch ein Problem: Hier müssen wir von Flächen ausgehen, während wir bisher von Linienansammlungen ausgehen konnten. Denken wir also um und schreiben unseren Datentyp um auf Flächen. Es bieten sich hier Dreiecksflächen an, da aus ihnen alle Objekte abgeleitet werden können.

Diese "Flächentiefen-Sortierung" ist in der Tat der sinnvollste, aber auch einfachste und schnellste Weg, zum Ziel zu kommen. Die Sortierung erfolgt folgendermaßen:

Da ja bei Drehungen die Reihenfolge der Flächen ohnehin verändert werden muß, muß jedesmal vor dem Aufbau des Bildschirmes eine komplette Sortierung aller Flächen vorgenommen werden. Als Sortierkriterium wird der jeweils vorderste der drei notwendigen Punkte bestimmt. Nach der Sortierung gibt es eine zweite Listenstruktur des Objektes, die ausschließlich dazu benutzt wird, den Bildschirm in der richtigen Reihenfolge aufzubauen.

Weiterhin muß beim Bildaufbau jede Fläche innen mit einer bestimmten Farbe (es bietet sich hier die Hintergrundfarbe des Bildschirmes an) ausgefüllt werden, um schon vorhandene Flächen, die räumlich dahinterliegen, auszulöschen.

Haben Sie bitte Verständnis, daß ich hier nicht mehr auf alle Details eingehen möchte. Es bleibt Ihnen überlassen, die geringfügigen Änderungen an der Listenstruktur vorzunehmen. Als kleine Hilfe finden Sie am Ende dieses Kapitels das Listing der Prozedur "sortiert_einfügen".

Die Grafik veranschaulicht noch einmal das Prinzip:

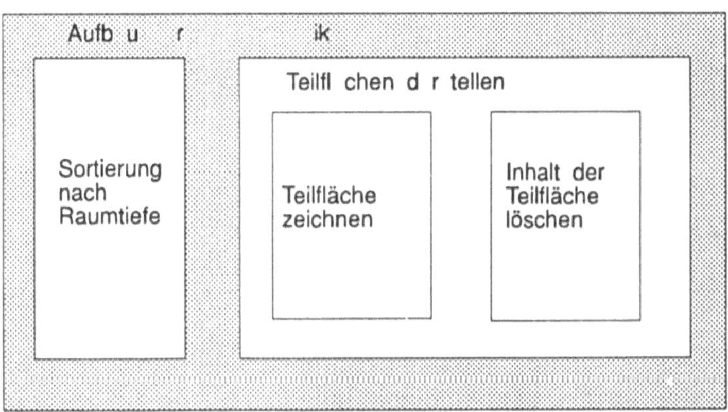

Bild 13-3 *Prinzip der versteckten Linien*

```
PROCEDURE c_liste.einfuegen(element : tinhalt);

 VAR hilfzeiger : tzeiger;

 BEGIN
  new(hilfzeiger);
  hilfzeiger^.next := aktuell^.next;
  aktuell^.next := hilfzeiger;
  hilfzeiger^.inhalt := element;
 END;

PROCEDURE c_liste.sortiert_einfuegen(element : tinhalt);
```

```
VAR vergleich : tinhalt;

{ Die Prozedur "TIEFE" ergibt sich aus der Tiefenkoordinate (z) der
  einzusortierenden Fläche. }

BEGIN
  zurueck;
  lesen(vergleich);
  WHILE vergleich.tiefe > element.tiefe DO BEGIN
    weiter;
    lesen(vergleich);
  END;
  einfuegen(element);
END;
```

Kapitel 14

Programmierung der Hiddenline-Grafik

Ein praktischer Datentyp

Ein neuer Datentyp ist grundsätzlich immer etwas unangenehmes. Allerdings ist dies hier nicht mehr zu umgehen. Bisher wurde mit sogenannten Drahtmodellen gearbeitet. Das hatte eine Menge Vorteile, besonders die Einfachheit der Programmierung und die Geschwindigkeit der Ausführung im Programm.

Bei dreidimensionalen Objekten, die auf dem Computer bewegt dargestellt werden sollen, muß ein Objekt etwas anders betrachtet werden, nämlich flächenorientiert. Schließlich überlappen sich ja die verschiedenen Flächen gegeneinander. Durch die im letzten Kapitel schon kurz angeschnittene Flächensortierung werden die einzelnen Flächen im virtuellen Raum von hinten nach vorne aufgebaut. Die hinterste Fläche wird also zuerst gezeichnet, die vorderste zuletzt. Dabei können dann die weiter hinten liegenden, also schon vorher gezeichneten Flächen, überzeichnet werden, welche dann unsichtbar werden.

Als Grundlage der Speicherung kann man eigentlich nur eine einzige Flächenart voraussetzen, und zwar ein Dreieck. Gegenüber einem Viereck (z.B. ein Quadrat) kann das Dreieck eindeutig bestimmt werden. Eine Verwindung kann nicht stattfinden, wie z.B. bei dem Quadrat auf der nächsten Abbildung. Hier wurde ein solches Quadrat unerfaßbar verzerrt.

Auf der anderen Seite kann man mit Dreiecken alle geometrischen Körper beschreiben. Wie das funktioniert, soll die nächste Abbildung veranschaulichen. Hier wurde der bekannte Würfel in kleine Dreiecke aufgeteilt. Nur der Übersichtlichkeit halber wurden die verdeckten Flächen schon einmal weggelassen.

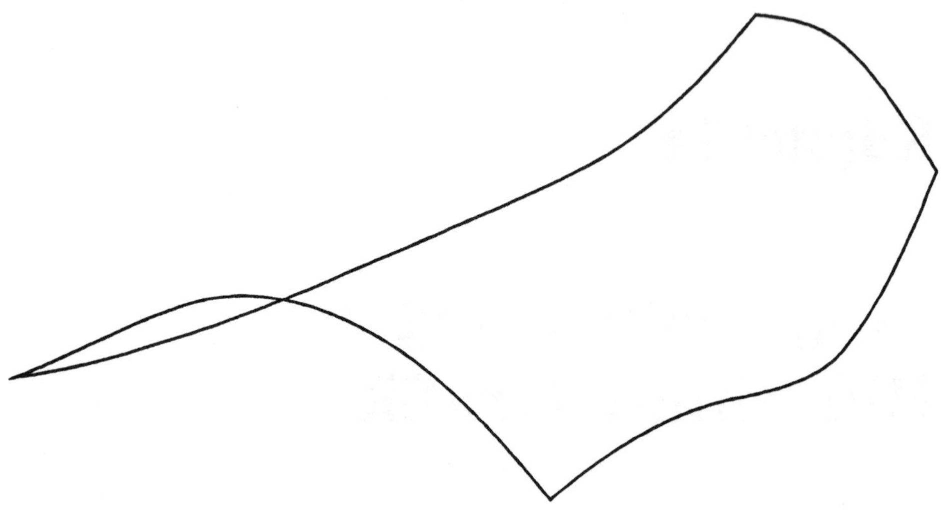

Bild 14-1 *Ein verzerrtes "Quadrat"*

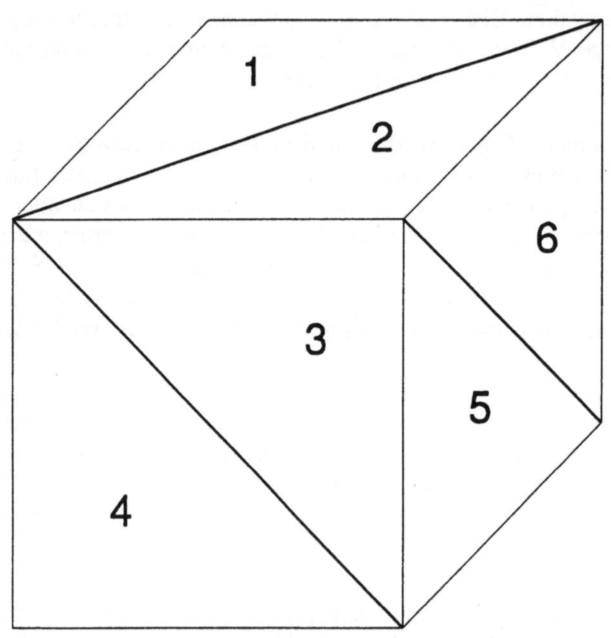

Bild 14-2 *Der Würfel in Dreiecke zerlegt*

Im Gegensatz zur Linie müssen nicht nur zwei, sondern drei Punkte gespeichert werden. Damit ist die Dreiecksfläche exakt definiert. Außerdem ist es leider vonnöten, Angaben über Rahmen- und Füllfarbe zu speichern. Später dann werden die Flächen entsprechend gefüllt, der Rahmen in der entsprechenden Farbe gezeichnet.

Den bisherigen Datentyp "Linie" kann man dazu bedingt weiterverwenden. Mit den entsprechenden Erweiterungen kann man die Routinen sehr einfach umschreiben. Das Ergebnis könnte dann etwa so aussehen:

```
c_dreieck  = OBJECT
               x1,y1,z1,x2,y2,z2,x3,y3,z3
                   : REAL;
               inco,
               outc  : WORD;

               PROCEDURE init(p1x,p1y,p1z,p2x,p2y,p2z,p3x,p3y,p3z : REAL;
                          incol,outcol : WORD);
               PROCEDURE verschieben(dx,dy,dz : REAL);
               PROCEDURE dehnen(x,y,z,x_faktor,y_faktor,z_faktor : REAL);
               PROCEDURE drehen(x,y,z,wx,wy,wz : REAL);
            END;

tinhalt  = c_dreieck;
```

Weil es sicherlich überflüssig ist, über die Veränderungen innerhalb der Manipulationsroutinen zu sprechen, wird an dieser Stelle dem Leser zugemutet, die Veränderungen im Listing nachzuverfolgen. Pro Eintrag werden (das ist wirklich die einzige Veränderung gegenüber vorher) nunmehr drei Punkte manipuliert. Etwas hat sich auch die "zeigen-Routine" verändert. Hier müssen schließlich noch mit "setcolor" die Farben gesetzt werden. Daneben wird eine Füllprozedur aufgerufen.

Eine solche Füllroutine sucht sich vornehmlich einen Punkt innerhalb des Dreiecks aus. Das geschieht durch einfache Mittelwertbildung: Alle Koordinaten gleichen Typs werden addiert und durch drei dividiert. Dadurch ergibt sich ein neuer Punkt, der geometrisch im Mittel des Dreiecks liegen müßte. Es gibt aber auch noch Ausnahmen. Ist z.B. das Dreieck zu klein für eine Flächenfüllung, so kann es schon einmal vorkommen, daß statt des Dreiecks der ganze restliche Bildschirm mit der entsprechenden Farbe ausgefüllt wird. Das ist zwar nicht schön, kann man aber auch bei einem Versuchsmodell wie diesem nicht verhindern. In dem Endausbau sollte man als Benutzer noch entsprechende Sicherheitsabfragen einbauen, deren Beschreibung vom Inhalt dieses Buches abweichen würde.

Die Tiefensortierung

Nun kommt es zum schwierigsten Thema der Hidden-Lines. Die Flächen, die dargestellt werden sollen, müssen entsprechend ihrer Tiefe von hinten nach vorne derart sortiert werden, daß die jeweils vorderste Fläche zuletzt aufgebaut wird, also ganz hinten eingefügt wird.

Das passiert mit einer Routine, wie sie im letzten Kapitel bereits erläutert wurde. Konkret handelt es sich bei der Sortierung nicht um eine Ordnungsroutine im konventionellen Sinne, sondern um ein hoffentlich mehr als weniger koordinierte Kopierroutine, die den Inhalt sortiert in eine weitere Liste umschichtet. Dazu muß innerhalb der Prozedur allerdings eine kleine Hilfsliste angelegt werden. Die Sortierroutine sieht folgendermaßen aus:

```
PROCEDURE c_liste.sortieren;

 VAR element,
   vergleich : tinhalt;
   hilfe     : c_liste;

 FUNCTION tiefe(element : c_dreieck) : REAL;

  BEGIN
   WITH element do
    tiefe := (z1+z2+z3) /3;
   { Diese Prozedur erzeugt einen repräsentativen Wert für die Tiefe der
    Dreiecksfläche. Natürlich kann es je nach Art und Professionalität
    der Anwendung bessere und/oder effektivere Algorithmen geben, aber
    z.Zt. ist dieser für unsere Anwendungen vollkommen ausreichend. }
  END;

 BEGIN
  hilfe.init;  { erzeugt eine leere Hilfsliste }
  zurueck;
  WHILE not ende DO BEGIN
   lesen(element);
   weiter;
```

Das ganze kann man dann zu folgendem Programm zusammensetzen:

```
UNIT animat;

 {$v-}

 INTERFACE
```

```
USES crt,dos,graph;

TYPE
 tfluchtpunkt = RECORD
              x,
              y,
              z  : REAL;
             END;

 c_dreieck  = OBJECT
             x1,y1,z1,x2,y2,z2,x3,y3,z3
                  : REAL;
             inco,
             outc  : WORD;

             PROCEDURE init(p1x,p1y,p1z,p2x,p2y,p2z,p3x,p3y,p3z : REAL;
                         incol,outcol : WORD);
             PROCEDURE verschieben(dx,dy,dz : REAL);
             PROCEDURE dehnen(x,y,z,x_faktor,y_faktor,z_faktor : REAL);
             PROCEDURE drehen(x,y,z,wx,wy,wz : REAL);
           END;

 tinhalt  = c_dreieck;

 tzeiger  = ^telement;

 telement  = RECORD
            inhalt : tinhalt;
            next  : tzeiger;
           END;

 c_liste  = object
            anfang,
            aktuell : tzeiger;

            FUNCTION leer : BOOLEAN;
            FUNCTION ende : BOOLEAN;
            PROCEDURE init;
            PROCEDURE einfuegen(element : tinhalt);
            PROCEDURE veraendern(element : tinhalt);
            PROCEDURE loeschen;
            PROCEDURE lesen(VAR element : tinhalt);
            PROCEDURE weiter;
            PROCEDURE zurueck;
            PROCEDURE zeigen;
```

```
            PROCEDURE load_txt_3d(filename : STRING);
            PROCEDURE verschieben(dx,dy,dz : REAL);
            PROCEDURE dehnen(x,y,z,x_faktor,y_faktor,z_faktor : REAL);
            PROCEDURE drehen(x,y,z,wx,wy,wz : REAL);
            PROCEDURE sortieren;
          END;

  PROCEDURE start_grafik(verzeichnis : STRING);
  PROCEDURE stop_grafik;
  PROCEDURE set_animation_window(x1,y1,x2,y2 : WORD; clip : BOOLEAN);

  VAR seite : BYTE;
    fluchtpunkt : tfluchtpunkt;
    getmaxz : REAL;

{---------------------------------------------------------}

 IMPLEMENTATION

  PROCEDURE c_dreieck.verschieben;

   BEGIN
    x1 := x1 + dx;
    y1 := y1 + dy;
    z1 := z1 + dz;
    x2 := x2 + dx;
    y2 := y2 + dy;
    z2 := z2 + dz;
    x3 := x2 + dx;
    y3 := y3 + dy;
    z3 := z3 + dz;
   END;

  PROCEDURE c_dreieck.dehnen;

   BEGIN
    verschieben((-1)*x,(-1)*y,(-1)*z);
    x1 := x1 * x_faktor;
    y1 := y1 * y_faktor;
    z1 := z1 * z_faktor;
    x2 := x2 * x_faktor;
    y2 := y2 * y_faktor;
    z2 := z2 * z_faktor;
    x3 := x3 * x_faktor;
    y3 := y3 * y_faktor;
    z3 := z3 * z_faktor;
```

```
    verschieben(x,y,z);
  END;

PROCEDURE c_dreieck.drehen;

  VAR x1_neu,y1_neu,z1_neu,x2_neu,y2_neu,z2_neu,
      x3_neu,y3_neu,z3_neu : REAL;

  PROCEDURE deg2rad(VAR winkel : REAL);

    BEGIN
      winkel := (winkel/180)*pi;
    END;

  BEGIN
    verschieben((-1)*x,(-1)*y,(-1)*z);

    { Drehung um z-Achse }
    IF wz / 360  0 THEN BEGIN
      deg2rad(wz);
      x1_neu := (x1*cos(wz)) - (y1*sin(wz));
      y1_neu := (y1*cos(wz)) + (x1*sin(wz));
      x2_neu := (x2*cos(wz)) - (y2*sin(wz));
      y2_neu := (y2*cos(wz)) + (x2*sin(wz));
      x3_neu := (x3*cos(wz)) - (y3*sin(wz));
      y3_neu := (y3*cos(wz)) + (x3*sin(wz));
      x1 := x1_neu;
      x2 := x2_neu;
      x3 := x3_neu;
      y1 := y1_neu;
      y2 := y2_neu;
      y3 := y3_neu;
    END;

    { Drehung um y-Achse }
    IF wy / 360  0 THEN BEGIN
      deg2rad(wy);
      x1_neu := (x1*cos(wy))+(z1*sin(wy));
      z1_neu := (z1*cos(wy))-(x1*sin(wy));
      x2_neu := (x2*cos(wy))+(z2*sin(wy));
      z2_neu := (z2*cos(wy))-(x2*sin(wy));
      x3_neu := (x3*cos(wy))+(z3*sin(wy));
      z3_neu := (z3*cos(wy))-(x3*sin(wy));
      x1 := x1_neu;
      z1 := z1_neu;
      x2 := x2_neu;
```

```
      z2 := z2_neu;
      x3 := x3_neu;
      z3 := z3_neu;
    END;

    { Drehung um x-Achse }
    IF wx / 360  0 THEN BEGIN
      deg2rad(wx);

      y1_neu := (y1*cos(wx)) - (z1*sin(wx));
      z1_neu := (y1*sin(wx)) + (z1*cos(wx));
      y2_neu := (y2*cos(wx)) - (z2*sin(wx));
      z2_neu := (y2*sin(wx)) + (z2*cos(wx));
      y3_neu := (y3*cos(wx)) - (z3*sin(wx));
      z3_neu := (y3*sin(wx)) + (z3*cos(wx));
      y1 := y1_neu;
      z1 := z1_neu;
      y2 := y2_neu;
      z2 := z2_neu;
      y3 := y3_neu;
      z3 := z3_neu;
    END;

    verschieben(x,y,z);
  END;

PROCEDURE c_dreieck.init;

  BEGIN
    x1 := p1x;
    y1 := p1y;
    z1 := p1z;
    x2 := p2x;
    y2 := p2y;
    z2 := p2z;
    x3 := p3x;
    y3 := p3y;
    z3 := p3z;
    inco := incol;
    outc := outcol;
  END;

{-------------------------------------------------------------}

 FUNCTION c_liste.leer : BOOLEAN;
```

```
  BEGIN
   leer := (anfang^.next = nil);
  END;

FUNCTION c_liste.ende : BOOLEAN;

  BEGIN
   ende := (aktuell^.next = nil);
  END;

PROCEDURE c_liste.init;

  VAR dummy : tzeiger;

  BEGIN
   new(dummy);
   anfang := dummy;
   aktuell := dummy;
   dummy^.next := nil;
  END;

PROCEDURE c_liste.einfuegen;

  VAR hilfzeiger : tzeiger;

  BEGIN
   new(hilfzeiger);
   hilfzeiger^.next := aktuell^.next;
   aktuell^.next := hilfzeiger;
   hilfzeiger^.inhalt := element;
  END;

PROCEDURE c_liste.loeschen;

  VAR hilfzeiger : tzeiger;

  BEGIN
   hilfzeiger := aktuell^.next;
   aktuell^.next := aktuell^.next^.next;
   dispose(hilfzeiger);
  END;

PROCEDURE c_liste.veraendern;

  BEGIN
   aktuell^.next^.inhalt := element;
```

```
  END;

PROCEDURE c_liste.lesen;

  BEGIN
   element := aktuell^.next^.inhalt;
  END;

PROCEDURE c_liste.weiter;

  BEGIN
   aktuell := aktuell^.next;
  END;

PROCEDURE c_liste.zurueck;

  BEGIN
   aktuell := anfang;
  END;

PROCEDURE c_liste.load_txt_3d;

  VAR disk : text;
      zeile : STRING;
      linie : c_dreieck;

  PROCEDURE umformen(zeile : STRING; VAR linie : c_dreieck);

   VAR i : BYTE;
       ic,oc : REAL;

   PROCEDURE get_next(VAR i : BYTE; zeile : STRING; VAR zahl : REAL);

    VAR nstr : STRING;
        code : INTEGER;

    BEGIN
     nstr := '';
     WHILE zeile[i]=#32 DO inc(i);
     WHILE not (zeile[i] in['-',' ']) DO BEGIN
      nstr := nstr + zeile[i];
      inc(i);
     END;
     val(nstr,zahl,code);
    END;
```

```
   BEGIN
    i := 1;
    get_next(i,zeile,linie.x1);
    get_next(i,zeile,linie.y1);
    get_next(i,zeile,linie.z1);
    get_next(i,zeile,linie.x2);
    get_next(i,zeile,linie.y2);
    get_next(i,zeile,linie.z2);
    get_next(i,zeile,linie.x3);
    get_next(i,zeile,linie.y3);
    get_next(i,zeile,linie.z3);
    get_next(i,zeile,ic);
    get_next(i,zeile,oc);
    linie.inco := round(ic); linie.outc := round(oc);
   END;

  BEGIN
   init;
   zurueck;
   assign(disk,filename);
   reset(disk);
   WHILE not eoln(disk) DO BEGIN
    READLN(disk,zeile);
    umformen(zeile,linie);
    WHILE not ende DO weiter;
    einfuegen(linie);
   END;
  END;

 PROCEDURE perspektive(VAR dreieck : c_dreieck);

  PROCEDURE umformen(VAR x,y,z : REAL);

   VAR faktor : REAL;

   BEGIN
    IF zfluchtpunkt.z THEN z := fluchtpunkt.z;
    fluchtpunkt.z := 1000;
    faktor := (fluchtpunkt.z - z) / fluchtpunkt.z;
    faktor := faktor /2;
    x := x-fluchtpunkt.x;
    y := y-fluchtpunkt.y;
    x := x*faktor;
    y := y*faktor;
    x := x+fluchtpunkt.x;
    y := y+fluchtpunkt.y;
```

```
   END;

  BEGIN
   umformen(dreieck.x1,dreieck.y1,dreieck.z1);
   umformen(dreieck.x2,dreieck.y2,dreieck.z2);
   umformen(dreieck.x3,dreieck.y3,dreieck.z3);
  END;

PROCEDURE c_liste.zeigen;

  VAR dreieck : c_dreieck;
     fillx,
     filly   : INTEGER;

  BEGIN
   seite := (2-seite);
   setactivepage(seite);
   cleardevice;
               { Pageswitching ist nur möglich mit
   clearviewport;   allerdings ist dieses auch langsamer ! }

   zurueck;
   WHILE not ende DO BEGIN

     lesen(dreieck);
     perspektive(dreieck);
     setcolor(15);
     line(round(dreieck.x1),round(dreieck.y1),round(dreieck.x2),
        round(dreieck.y2));
     line(round(dreieck.x2),round(dreieck.y2),round(dreieck.x3),
        round(dreieck.y3));
     line(round(dreieck.x3),round(dreieck.y3),round(dreieck.x1),
        round(dreieck.y1));
     setcolor(dreieck.inco);
     WITH dreieck DO BEGIN
       fillx := abs(round((x1+x2+x3)/3));
       filly := abs(round((y1+y2+y3)/3));
       floodfill(fillx,filly,15);
     END;
     weiter;
   END;
   setvisualpage(seite);
  END;

PROCEDURE c_liste.verschieben;
```

```
    VAR element : tinhalt;

    BEGIN
      zurueck;
      WHILE not ende DO BEGIN
        lesen(element);
        element.verschieben(dx,dy,dz);
        veraendern(element);
        weiter;
      END;
    END;

  PROCEDURE c_liste.dehnen;

    VAR element : tinhalt;

    BEGIN
      zurueck;
      WHILE not ende DO BEGIN
        lesen(element);
        element.dehnen(x,y,z,x_faktor,y_faktor,z_faktor);
        veraendern(element);
        weiter;
      END;
    END;

  PROCEDURE c_liste.drehen;

    VAR element : tinhalt;

    BEGIN
      zurueck;
      WHILE not ende DO BEGIN
        lesen(element);
        element.drehen(x,y,z,wx,wy,wz);
        veraendern(element);
        weiter;
      END;
    END;

PROCEDURE c_liste.sortieren;

  VAR element,
      vergleich : tinhalt;
      hilfe     : c_liste;
```

```
  FUNCTION tiefe(element : c_dreieck) : REAL;

    BEGIN
      WITH element do
        tiefe := (z1+z2+z3) /3;
    END;

  BEGIN
    hilfe.init;
    zurueck;
    WHILE not ende DO BEGIN
      lesen(element);
      weiter;
      hilfe.zurueck;
      IF not ende THEN hilfe.lesen(vergleich);
      IF tiefe(vergleich)  tiefe(element) THEN hilfe.weiter;
      hilfe.einfuegen(element);
    END;
    hilfe.aktuell := aktuell;
    hilfe.anfang := anfang;
  END;

{-----------------------------------------------------------------}

PROCEDURE start_grafik;

  VAR treiber,modus : INTEGER;

  BEGIN
    detectgraph(treiber,modus);
    CASE treiber of
      ega   : modus := egahi;
      vga   : modus := vgamed;
      ELSE WRITELN('Bitte im Handbuch nachschlagen !!!',#7,#7,#7);
    END;
    initgraph(treiber,modus,verzeichnis);
    seite := 1;
    setactivepage(1);
    setvisualpage(1);
  END;

PROCEDURE stop_grafik;

  BEGIN
    closegraph;
  END;
```

```
PROCEDURE set_animation_window;

  BEGIN
    setviewport(x1,y1,x2,y1,clip);
  END;

{---------------------------------------------------------}

BEGIN
  seite := 1;
  getmaxz := 640;
  WITH fluchtpunkt DO BEGIN
    x := 320;
    y := 175;
    z := 640;
  END;
END.
```

Ein passendes Testprogramm könnte so aussehen:

```
PROGRAM test;

{ ACHTUNG! Achtung! Achtung!
  Dieses Beispiel ist nicht
  ohne Einschränkungen lauf-
  fähig! Nur Testversion! }

USES animat,crt;

VAR motiv : c_liste;
    i     : 1..35;
    ch    : CHAR;

BEGIN
  start_grafik('c:\bp\bgi');
  motiv.load_txt_3d('würfelhi.txt');
  motiv.sortieren;
  motiv.zeigen;
  WHILE not keypressed DO BEGIN
    motiv.drehen(150,150,60,0,15,0);
    motiv.sortieren;
    motiv.zeigen;
```

```
  END;
  stop_grafik;
END.
```

Auch hier kann man ganz ohne Test nur schwerlich auskommen. Hier wurde der schon viel benutzte Würfel in Dreiecke unterteilt und als Objektdatei abgelegt. Das kann man natürlich hervorragend als Testobjekt benutzen.

```
100 100 20 200 200 20 100 200 20 1 6-
100 100 20 200 200 20 200 100 20 1 6-
200 200 20 200 100 20 200 100 120 2 7-
200 200 20 200 200 120 200 100 120 2 7-
100 100 120 200 100 20 200 100 120 3 8-
100 100 120 100 100 20 200 100 20 3 8-
100 200 20 100 200 120 100 100 120 4 9-
100 200 20 100 100 20 100 100 120 4 9-
100 200 120 200 200 120 200 100 120 5 10-
100 200 120 100 100 120 200 100 120 5 10-
100 200 20 200 200 20 100 200 120 6 11-
200 200 20 200 200 120 100 200 120 6 11-
```

Wenn Sie sich jetzt voller Elan an den Computer gesetzt haben sollten, so haben Sie möglicherweise nach der ersten Drehmanipulation eine derbe Enttäuschung erfahren. Bei einigen exotischen Computertypen, darunter sind auch einige Modelle deutscher Markenhersteller, kann es vorkommen, daß die Anzeige nicht mit den Grafiktreibern von Borland-Pascal zusammenarbeitet. In diesem Fall kann man dargestellte Objekte nur sehr schwer auf dem Bildschirm ausmachen, weil sämtliche Füllungen in nur einer Farbe durchgeführt werden. Eine Neudefinition der zu benutzenden Farben ist hier leider nicht möglich. Betrachten Sie in diesem Fall dieses Kapitel als ein großes Modell, nach dem die wahrscheinlich meisten Computer arbeiten dürften. Doch ein Trost bleibt Ihnen dennoch: Viele Hersteller bieten mittlerweile spezielle Grafiktreiber für Borland-Produkte an, die auch die höchsten Auflösungen unterstützen ... Hoffentlich dann auch bald für solche Grafikkarten!

Kapitel 15

Das Raytracing

Physikalische Grundlagen

Einige allgemeine Bemerkungen

Bisher haben wir uns nur mit mehr oder weniger einfachen Routinen beschäftigt, wobei das Ergebnis entsprechend sparsam aussah. Das lag daran, daß folgende Annahmen vorausgesetzt wurden:

1. Das Objekt bestand aus Flächen, die eine einheitliche Farbe hatten, und immer aus dem gleichen, diffus reflektierenden Material geschaffen waren. Andere Oberflächenbeschaffenheiten, wie z.B. glänzend oder durchsichtig, blieben unberücksichtigt.

2. Der virtuelle Raum, in dem sich das Objekt bewegte, wurde beleuchtet von einer von allen Seite kommenden seltsamen allgemeinen Helligkeit, deren Ausgangspunkt nicht zu lokalisieren ist. - Alternativ ist die Erklärung, daß alle im Raum befindlichen Objekte selbst abstrahlen, und zwar ebenfalls diffus.

3. Es gibt keinerlei strahlende Lichtquellen, ebensoweni, wie Reflexionen auf Objekten.

Dies alles macht die Darstellung auf dem Computermonitor natürlich nicht realer. Eine solche Animation erinnert da schon an eine futuristisch anmutende Zukunftsvision. Dem soll hier Abhilfe geschaffen werden.

Der geradlinie Verlauf eines Lichtstrahls

Physikalisch gibt es einige Grundstrukturen, anhand derer man sich auch die kompliziertesten Verläufe veranschaulichen kann. In der Optik benutzt man hier den Verlauf eines

Lichtstrahls, der einfach auf ein Objekt fällt. Dazu könnte man sich folgende Versuchsanordnung zur Hilfe nehmen:

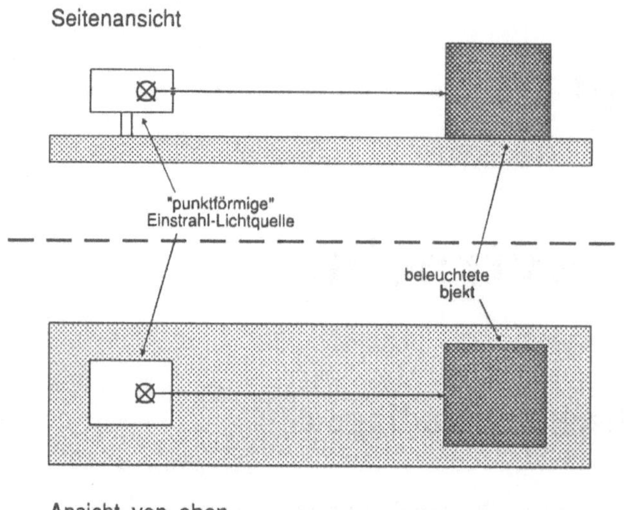

Bild 15-1 *Der physikalische Versuchsaufbau*

Man muß zuerst einige Erläuterungen vornehmen, ohne die man die Versuchsanordnung gar nicht vernünftig interpretieren kann. Die grundlegende Frage ist: "Was ist eigentlich Licht?". Genaugenommen kann niemand diese Frage beantworten, sogar die Wissenschaft streitet sich beharrlich mit immer wieder neuen Argumenten darüber. Das aber, was man hier benötigt, ist allgemein bekannt. Das Licht besteht aus einer unendlich großen Zahl einzelner Strahlen, die von der Lichtquelle, z.B. der Glühlampe aus der Versuchsanordnung oben, ausgehen. Computer können aber nicht unendlich viele Strahlenverläufe berechnen. Daher ist die Vereinfachung erlaubt, als Stellvertreter für eine Gruppe gleichgerichteter Strahlen einen einzelnen Strahl zu berechnen.

Doch zurück zum Aufbau: Hier wurde die punktförmige Lampe nach allen Seiten derart abgedeckt, daß nur ein "einziger" Strahl austreten kann. Dieser trifft in einem beliebigen Abstand auf ein Objekt, welches dadurch sichtbar wird. Es ist exakt so, wie es geschrieben steht. Trifft der Lichtstrahl nicht auf ein Objekt, bleibt es dunkel. Daher kann es gar keine diffuse Helligkeit geben. Zur Vereinfachung sollte man zuerst einmal davon ausgehen, daß es sich beim Objekt um einen verspiegelten Würfel handelt.

Die Reflexion

Was mit dem Lichtstrahl passiert, ist logisch. Er wird vom Spiegel zurückgeworfen und damit in die Lampe zurückreflektiert. Nur in wenigen herausragenden Fällen kommt es per Zufall einmal vor, daß das Objekt so gerade vom Strahl beleuchtet wird wie in diesem

Beispiel. Viel häufiger ist, daß es schief steht. Der Verlauf des Lichtstrahles ist jetzt nicht mehr so einfach, wie vorher. Vergrößern wir dazu die verspiegelte Fläche und den ankommenden Strahl (natürlich ist das jetzt vereinfacht gezeichnet):

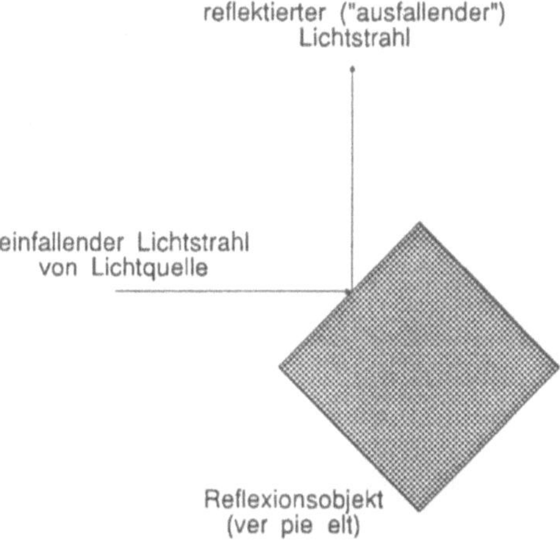

Bild 15-2 *Die Reflexion anschaulich*

Der ankommende Strahl wird gespiegelt, reflektiert. Vom Objekt geht jetzt wieder genau ein Strahl ab. Das bedeutet, daß mit unseren herkömmlichen Mitteln ein Strahl nicht vervielfältigt werden kann. Aber der Trost ist die Praxis: Um eine solche Vervielfältigung möglich zu machen, ist wirklich ein erheblicher Aufwand erforderlich, z.B. sind halbdurchlässige Spiegel einzusetzen, wie Sie bei der Bestimmung der Lichtgeschwindigkeit zum Einsatz kommen.

Doch nun zurück zum Thema. Das ganze bedeutet, daß man eine Fläche nur dann sehen kann, wenn man zufällig genau in den reflektierten Strahl blickt. Um den Verlauf des Strahls nachzuverfolgen, kann man ein folgendes Gesetz der Optik benutzen:

$$\alpha = \beta \wedge \alpha' = \beta'$$

mit:

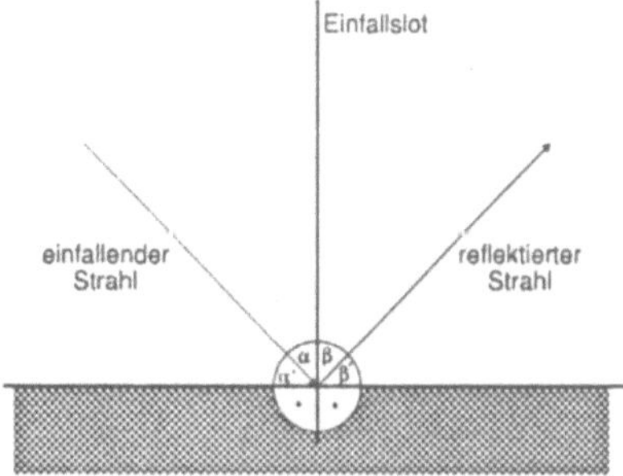

Bild 15-3 *Die Winkel bei einer Vollreflexion*

Es gibt aber nicht unbedingt nicht nur vollverspiegelte Flächen, wie die bisher behandelten. Viel wahrscheinlicher ist, eine einfarbige Fläche vorliegen zu haben, die nicht vollverspiegelt ist. Eine solche Oberfläche sieht nicht 100% glatt aus wie bei einem idealen Spiegel, sondern beliebig zerklüftet, etwa so:

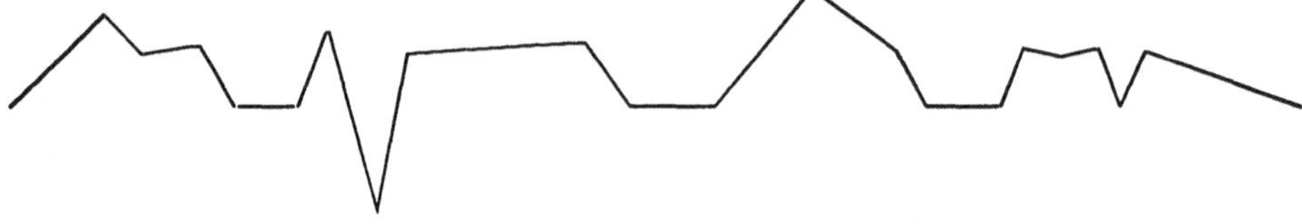

Bild 15-4 *Eine reale Oberflächenstruktur*

Es verhält sich folgendermaßen: Je zerklüfteter eine Oberfläche ist, desto unsauberer werden Reflexionen. Konnte man bisher bei einem Spiegel die Lichtquelle bei einer Rotation nur ganz kurz und bei einem ganz bestimmten Winkel sehen, ist dies hier nicht mehr so genau definiert. Die kleinen Gruben erzeugen an den "Wänden" der Seite natürlich auch ihrerseits Reflexionen, die entsprechende Abbildungsunschärfen verursachen. Man kann dazu natürlich auch noch einen kleinen Test durchführen: Läßt man eine solche Fläche rotieren, während Lichtquelle und Betrachter fest im Raum bleiben, sind die Abgrenzungen zwischen Reflexion und Nichtreflexion natürlich wesentlich weicher, je nach Beschaffenheit der Oberfläche.

Dabei gibt es zwei Extreme, und zwar die schon bekannte vollkommen glatte Oberfläche (eine unerreichte Idealisierung der Physik) und die vollkommen unsortierte Oberfläche. Im ersten Fall ist die Wirkung bekannt, eine Reflexion kann nur erfolgen, bei Einfallswinkel = Ausfallswinkel, und das muß zudem noch mit einer extremen Genauigkeit durchgeführt werden. Im zweiten Fall kommt es zur totalen Zerstreuung. Damit wirkt die Fläche gleichmäßig (von einem einzigen Lichstrahl) ausgeleuchtet. Eine Reflexion ist nicht wahrzunehmen. Auch hier ist die Realitätsnähe nicht zu finden. Denn die Fläche wird hiermit zwangsläufig selbst zu einem Lichtemitter.

Normal ist eine geringfügige Unschärfe, die dafür sorgt, daß zusätzlich zum mathematischen oder physikalisch exakten Hauptreflexionswinkel in der unmittelbaren Umgebung das Licht beim Weiterdrehen nicht mit einem Schlag aufhört, sondern je nach Abweichung vom abgewichenen Winkel bei zunehmendem Winkel langsam schwächer wird. Je schneller dann das Licht verdunkelt, desto glatter, perfekter ist die Oberfläche beschaffen.

Effekte wie die Brechung, die Behandlung von optischen Linsen, sollten meiner Ansicht nach hier weitestgehend unberücksichtigt gelassen werden. Das würde dieses Buch wahrscheinlich zu einem Physikbuch werden lassen. Wen es interessiert, dem seien hier die einschlägigen Fachbücher des Verlages empfohlen.

Die Theorie der Farben

Es gibt natürlich noch viel mehr zu betrachten. Das sind u.a. auch die Farben, die man als Mensch wahrnehmen kann. Doch zuerst muß man sich etwas mit der Materie beschäftigen, um verstehen zu können, wie spezielle Reflexionen ablaufen. Das ist bspw. die Zusammensetzung des Lichtes, auch das, was wir in unserem bisher benutzten Lichtstrahl voraussetzen.

Das Sonnenlicht ist nicht nur einfach weiß, wie man es ganz normal wahrnimmt. Vielmehr ist es zusammengesetzt aus drei Grundfarben, das sind Blau, Rot und Gelb. Leuchten alle zusammen in gleicher Intensität, wird durch additive Farbmischung die Lichtstrahlfarbe Weiß erzeugt. Wie genau die Mischungen welche Farbeindrücke vermitteln, kann die folgende Grafik veranschaulichen:

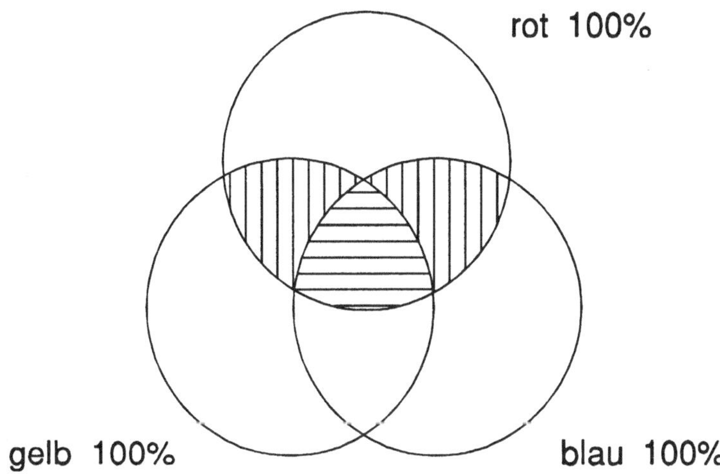

Bild 15-5 *Modell der additiven Farbmischung*

Ein kleines Beispiel: Wenn blaues und gelbes Licht vorhanden ist, wird daraus später die Farbe Grün. Ist kein Farbwert vorhanden, gibt es kein Licht. Das mit diesem Lichtstrahl beleuchtete Objekt erscheint schwarz. Andersherum erscheint das Licht weiß, wenn alle drei Grundfarben im Licht vorhanden sind.

Das kann man natürlich auf die Physik der Reflexion übertragen. Während wir im Vergangenen ausschließlich die Totalreflexion betrachtet haben, bei der ein beliebiger Lichtstrahl auf einer verspiegelten Fläche reflektiert wird, ist eine ähnliche Reflexion auch bei nicht verspiegelten Objekten möglich. Solche Objekte haben eine beliebiges aber nicht direkt modifizierbare Oberflächenfarbe. Ja nachdem, mit welchem Licht man ein solches Objekt beleuchtet, kann es zu den unterschiedlichsten Effekten kommen. Beleuchtet man eine rote Rose mit blauem Licht, ist es daher zunächst verwunderlich, daß man nichts sieht, denn subtraktiv wird die Farbe schwarz erzeugt. Mit rotem Licht beleuchtet, erscheint sie wieder.

Man kann solche Erfahrungen aber auch verallgemeinern. Es kann von einem beliebigen Objekt nur die eine bestimme Menge Lichtfarben reflektiert werden. Das Objekt erscheint uns dann während einer Reflexion in der Farbe der Schnittmenge. Ein Beispiel: Wenn man die besagte rote Rose mit einem Gemisch aus blauem und rotem Licht beleuchtet, wird sie trotzdem rot erscheinen, da die Farbe Rot ja die Schnittmenge beider abgestrahlten Lichtmengen (Lichtstrahl und Objektoberfläche ist).

Das bedeutet aber auch, daß auf einer weißen Fläche immer alle Farben reflektiert werden, und andersherum wird auf einer schwarzen Oberfläche niemals etwas reflektiert.

Die mathematischen Grundlagen

Nicht nur die Physik ist mit dem Raytracing auf dem Computer eng verbunden. Sie liefert zwar einige wichtige Aspekte, die ausführende Wissenschaft aber ist die Mathematik, die in solchen Fällen zur Hilfe gerufen werden kann.

Wir haben jetzt einige Grundprobleme, die zuerst gelöst werden müssen. Neben einer Möglichkeit, eine möglichst treffende mathematische Beschreibung für (Ober-)Fläche und Lichtstrahl zu finden, ist es zum einen eine möglichst exakte mathematische Probemethode dafür, ob ein geradliniger Lichtstrahl ein beliebiges Objekt trifft, und wenn dies der Fall ist, genau diese Stelle zu finden. Dann möchte man auch im Falle einer physikalischen Vollreflexion (das ist die mathematisch gesehen einfachste, aber leider auch praxisentfernteste) wissen, wie sich der Strahlengang im weiteren entwickelt, bzw. wie der reflektierte Strahl verläuft.

Leider ist hier wieder eine ganze Menge Theorie vonnöten, die allerdings leider etwas zügiger behandelt werden muß. Ich verweise bei Problemen auf den vorletzten Anhang dieses Buches, die Literaturempfehlungen; einige Mathematikbücher scheinen geradezu dafür geschaffen zu sein, bei der Arbeit am Computer genutzt zu werden.

Die Beschreibung einiger Objekte

Der "Lichtstrahl", eine Gerade

Die Grundlage aller Dinge ist das Licht. Das ist zwar nicht der einzige Grund, aber ein guter Anlaß und ein mindestens ebenso guter Einstieg in die Materie. Der Lichtstrahl, den wir benötigen, ist nämlich nichts anderes als eine Gerade, die später (im Moment ist das allerdings noch nicht wichtig) auf eine Oberfläche trifft.

Ein solches Objekt zu beschreiben, scheint im ersten Moment gar nicht so einfach zu sein, gerade wenn man bedenkt, daß eine mathematische Gerade ja unendlich lang ist, eben wie ein echter Lichtstrahl.

Die Grundlage hierzu sind wieder die Vektoren, wie wir sie in den vergangenen Kapiteln schon öfter kennengelernt haben. Man kann Vektoren nämlich auch einmal so sehen wie auf der nächsten Abbildung, als Richtungsanzeiger. Hier wird vom Ursprung (0,0) ein kleiner Pfeil zum Koordinatenpunkt des Vektors gezogen. Das ganze stellt jetzt eine Richtungskennung dar. Verglichen mit einem Lichtstrahl könnte hierdurch ohne weiteres die Richtung angegeben werden.

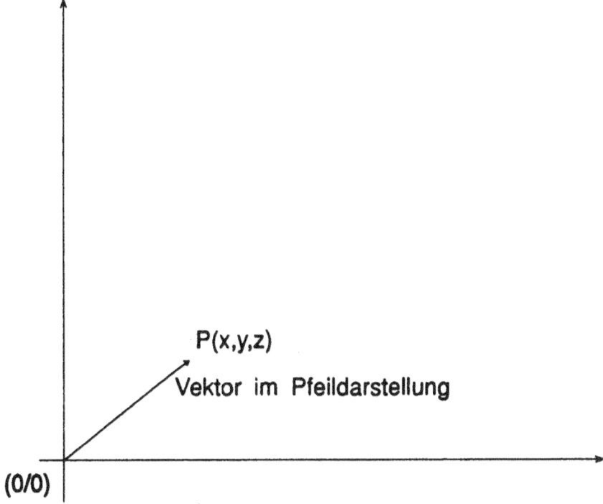

Bild 15-6 *Ein "Null-Lichtstrahl"*

Daß aber ein Lichtstrahl exakt durch den gesetzten Nullpunkt verläuft, müßte schon an höheren Zufall grenzen. Real ist, daß die y-Achse nicht im Wert 0, sondern bei irgendeinem anderen Wert geschnitten wird. Allgemein kann der Richtungsvektor übrigens auch von einem beliebigen Punkt im Raum ausgehen, der durch ein weiteres Koordinatentupel in Vektorform dargestellt wird, wie auf der nächsten Abbildung:

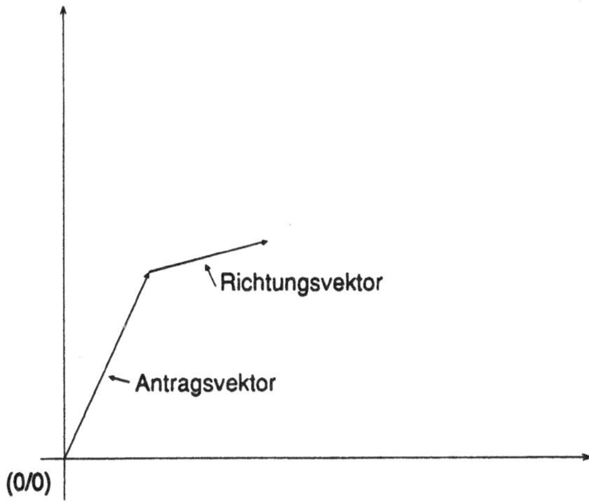

Bild 15-7 *Darstellung mit zwei Vektoren*

Hier werden zwei Vektoren benutzt, um eine möglichst exakte mathematische Darstellung eines Lichtstrahls zu finden. Komplett aber ist sie noch lange nicht. Denn wir können bisher auf dem Lichstrahl nur genau zwei Punkte mathematisch erreichen, nämlich den Start- und den Endpunkt des Richtungsvektors. Das aber kann man durch die Einführung eines Vorfaktors "λ" vor dem Richtungsvektor erreichen. Die Menge A aller auf dem Lichtstrahl befindlichen Punkte läßt sich also so erreichen:

$$A_{Gerade} = \left\{ x \in R^n \middle| x = V_{Antrag} + \lambda \cdot V_{Richtung} \right\}$$

Dabei sind die Vektoren V_{Antrag} und $V_{Richtung}$ Antrags- und Richtungsvektor des Konstruktes aus der Abbildung oben. "λ" sei hier eine beliebige rationale Zahl aus dem linearen (eindimensionalen) rationalen Zahlenbereich. Natürlich ist die Länge einer solchen Geraden nicht beschränkt.

Eine Objektfläche

Nur der Lichtstrahl allein bringt noch nicht den gewünschten Effekt. Dieser tritt erst ein, wenn man Objekte bereitstellt, die von ihm beleuchtet werden. Solche Objekte bestehen (siehe früheres Kapitel) aus Einzelflächen, die wir bisher auch durch eine bestimmte Anzahl Vektoren beschrieben haben. Das Prinzip bleibt zwar hier das gleiche, sollte aber vorläufig während der Einführungsphase besser vergessen werden.

Man kann genau so vorgehen, wie bei der Geraden aus dem letzten Abschnitt. Eine Ebene ist die unbeschränkte Grundfigur der Fläche, eine Beschränkung kann man später durch verschiedene Ungleichungen vornehmen. Diese Figur läßt sich durch zwei Richtungsvektoren beschreiben, wobei die spätere Ebene anschaulich gesprochen von beiden "aufgespannt" wird. Der Antragsvektor bleibt in beiden Fällen der gleiche:

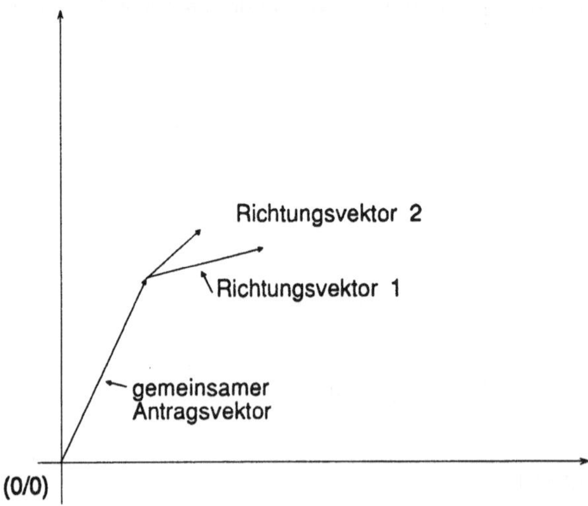

Bild 15-8 *Die "mathematische Ebene"*

Ähnlich ist auch die Beschreibung der Menge aller Vektoren, die auf dieser Ebene liegen. Allerdings liegen zwei Vektoren vor, die mit einem beliebigen Faktor multipliziert werden müssen, das neue Symbol daszu ist "μ":

$$A_{Ebene} = \left\{ x \in R^n \middle| x = V_{Antrag} + \lambda \cdot V_{Richtung1} + \mu \cdot V_{Richtung2} \right\}$$

Das alles ist ja noch ganz einfach. Jetzt aber gibt es in der Realität keine endlosen Ebenen, sondern reale Flächen sind begrenzt. Eine Begrenzung kann man in der Formel damit erreichen, daß man die Wertebereiche für λ und μ vorgibt, also eine Obergrenze. Die Untergrenze wird durch den Wert Null gegeben, der den Punkt auf den Antragsvektor fallen läßt.

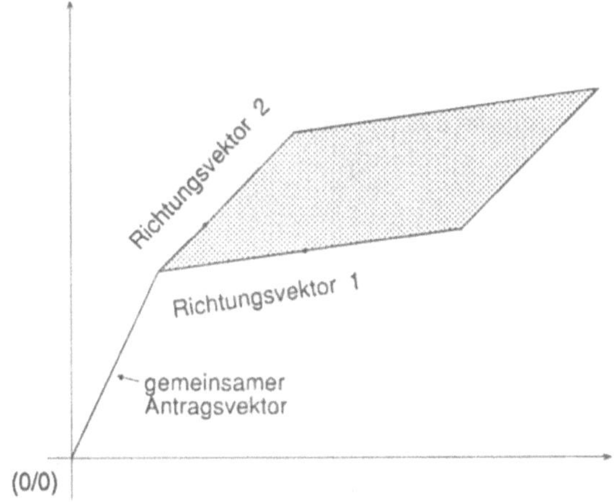

Bild 15-9 *Die erreichbaren Punkte der Def.*

Eine solche "Pastille" läßt sich also damit beschreiben. Die Winkel dieses Parallelogramms sind natürlich variabel, weil sie ja von den beiden Richtungsvektoren abhängig sind. Komplexere Objekte lassen sich nach diesem Prinzip also beschreiben durch:

- Antragsvektor
- Richtungsvektor1
- Richtungsvektor2
- maximaler Faktor für Richtungsvektor1
- maximaler Faktor für Richtungsvektor2

Einige Rechenexempel

Grundlage für die weitere Arbeit ist die sogenannte "Linearkombination". Diese ermöglicht dem Anwender, festzustellen, bei welchem Punkt eine Gerade die der Fläche zugehörige Ebene schneidet. Eine anschließende Prüfung stellt fest, ob die errechneten

Vorfaktoren innerhalb der vorgegebenen Flächengrenzen liegen. Ist dies der Fall, gibt es eine Reflexion, anderenfalls nicht, der Lichtstrahl muß weiter verfolgt werden.

Angenommen, Sie haben festgestellt, bei welchem Punkt (x,y,z) Gerade und Ebene sich schneiden, davon ausgehend, daß sie sich überhaupt schneiden, denn das ist keineswegs klar. Man kann jetzt folgende Gleichung aufstellen, mit deren Hilfe später λ, μ und ν berechnet werden, um diesen Schnittpunkt zu erreichen:

$$\begin{Bmatrix}1\\2\\3\end{Bmatrix}+\lambda\cdot\begin{Bmatrix}1\\0\\2\end{Bmatrix}+\mu\cdot\begin{Bmatrix}3\\4\\0\end{Bmatrix}=\begin{Bmatrix}-1\\1\\-1\end{Bmatrix}+\upsilon\cdot\begin{Bmatrix}3\\3\\2\end{Bmatrix}$$

Anhand dieses Beispieles werde ich nun das Auflösen und Berechnen eines solchen Ausdrucks zeigen. Da auch in der hier verwandten Vektorrechnung die üblichen mathematischen Gesetze gelten, sollten sie auch fleißig angewandt werden. Denn nahezu jeder Schritt vereinfacht die Arbeit. Also wird von beiden Seiten zuerst der Antragsvektor (1,2,3) abgezogen, außerdem wird der variable Vektor der Geraden durch Subtraktion auf die andere Seite gebracht, so daß wir erhalten:

$$\lambda\cdot\begin{Bmatrix}1\\0\\2\end{Bmatrix}+\mu\cdot\begin{Bmatrix}3\\4\\0\end{Bmatrix}+\upsilon\cdot\begin{Bmatrix}3\\3\\2\end{Bmatrix}=\begin{Bmatrix}-2\\1\\-4\end{Bmatrix}$$

Es handelt sich um ein übliches lineares Gleichungssytem mit zwei Unbekannten bei drei Gleichungen. Es dürfte also kein Problem sein, dieses zu lösen. Der nächste Schritt in diese Richtung ist einfach nachzuvollziehen. Wir lassen zunächst die Vorfaktoren weg und schreiben das ganze dann in eine Matrix:

$$\left(\begin{array}{ccc|c}1&3&-3&-2\\0&4&-3&-1\\2&0&-2&-4\end{array}\right)$$

Der Strich vor dem rechten Viertel der Matrix trennt ähnlich einer "normalen" Gleichung die rechte von der linken Seite. - Aber nun zu einigen Regeln für das Umgehen mit Matrizen: Was man erreichen will, dürfte klar sein: Links der Matrix möchte man die von 1 oder 0 verschiedenen Werte soweit umformen, daß man letztlich die numerischen Werte für λ,μ und ν ablesen kann. An Rechenoperationen muß man streng zeilenweise vorgehen. Alle Rechenschritte sind immer auf die ganze Zeile anzuwenden. Erlaubt sind: Die Multiplikation einer Zeile mit einem Wert ungleich 0 und die Addition/Subtraktion einer Zeile zu einer anderen/von einer anderen.

Ist in einer Zeile auf der linken Seite nur noch ein numerischer Wert außer 0 vorhanden, ist ein Teilergebnis schon erreicht, so daß ein Wert abgelesen werden kann. Das kann man eigentlich sinnvoll nur damit erreichen, indem man die gegebenen Rechenoperationen nacheinander anwendet. Zuerst wird das (-2)-fache der ersten Zeile um die dritte Zeile erhöht, und anschließend durch zwei geteilt. Gleichzeitig wird die letzte Zeile durch 2 geteilt.

$$\left(\begin{array}{ccc|c} 0 & 3 & -2 & 0 \\ 0 & 4 & -3 & -1 \\ 1 & 0 & -1 & -2 \end{array}\right)$$

Als nächstes könnte man bspw. die erste Zeile mit -3 und die zweite Zeile mit 2 multiplizieren:

$$\left(\begin{array}{ccc|c} 0 & -9 & 6 & 0 \\ 0 & 8 & -6 & -2 \\ 0 & 0 & -1 & -2 \end{array}\right)$$

Die ersten beiden Zahlen können jetzt addiert werden, das Ergebnis wird dabei in die erste Zeile geschrieben. Die zweite Zeile wird wieder durch 2 geteilt:

$$\left(\begin{array}{ccc|c} 0 & -1 & 0 & -2 \\ 0 & 4 & -3 & -1 \\ 1 & 0 & -1 & -2 \end{array}\right)$$

Das vierfache der ersten Zeile wird jetzt zur zweiten dazu addiert, die Ergebniszeile wird anschließend durch -3 geteilt, die erste Zeile wird durch -1 geteilt:

$$\left(\begin{array}{ccc|c} 0 & 1 & 0 & 2 \\ 0 & 0 & 1 & 3 \\ 1 & 0 & -1 & -2 \end{array}\right)$$

Als abschließenden Umformungsschritt werden noch die beiden letzten Zeilen addiert und das Ergebnis in die letzte Zeile geschrieben:

$$\left(\begin{array}{ccc|c} 0 & 1 & 0 & 2 \\ 0 & 0 & 1 & 3 \\ 1 & 0 & 0 & 1 \end{array}\right)$$

Wenn man jetzt in Gedanken zur alten Darstellung zurückkehrt, kann man also folgende Schlüsse ziehen:

$$\lambda = 1$$
$$\mu = 2$$
$$\upsilon = 3$$

Und genau das ist ja, was wir erreichen wollten. Anhand dieser Werte kann man jetzt mehrerlei machen. Zuallererst kennen wir die beiden Unbekannten der Fläche. Durch Vergleich mit den Maximalwerten kann man feststellen, ob der Schnittpunkt (die Koordinaten sind vorerst noch uninteressant) innerhalb der Grenzen liegt, also beachtet werden muß.

Andererseits kann man den Schnittpunkt selbst natürlich berechnen. Dazu nimmt man der Einfachheit halber die Geradengleichung und setzt den Wert = 3 einfach ein:

$$P_{Schnitt} = \begin{Bmatrix} -1 \\ 1 \\ -1 \end{Bmatrix} + 3 \cdot \begin{Bmatrix} 3 \\ 3 \\ 2 \end{Bmatrix} = \begin{Bmatrix} -1+9 \\ 1+9 \\ -1+6 \end{Bmatrix} = \begin{Bmatrix} 8 \\ 10 \\ 5 \end{Bmatrix}$$

Dieser Schnittpunkt ist jetzt der Ausgangspunkt, also der Antragsvektor für den reflektierten Lichtstrahl. Jetzt ist nur noch der Richtungsvektor dafür festzustellen. Das allerdings ist nicht sehr einfach.

Wenn man sich eine Ebene und einen einfallenden Lichstrahl (Richtungsvektor) vorstellt, dann bleibt der reflektierte Strahl genau in der gleichen Einfallsebene, wie der einfallende Strahl. Nur der Winkel und mit diesem der Richtungsvektor sind unterschiedlich. Der Antragsvektor hingegen ist durch den Schnittpunkt gegeben und ist uns somit bekannt. Mit dem folgenden Formelwerk kann man den neuen Richtungsvektor feststellen. Alles zu erklären, wäre an dieser Stelle nicht unbedingt sinnvoll. Das ist für die meisten Menschen (mich nicht ausgeschlossen) am Anfang äußerstschwer verdaulichen Stoff. Also ist es das beste, sich alles einmal in Ruhe anzusehen, und nur, wenn man wirklich echtes Interesse daran entdeckt, weiterzuforschen. Nehmen Sie es anderenfalls einfach als gegeben hin, denn auch das ist ein Weg, der zum Ziel führt:

1) Bestimme Einfallslot, welches gleichzeitig auch in der Einfallsebene des Lichstrahles liegt.

2) Drehe Lichtvektor in der Richtung um 180 Grad um (multipliziere mit -1).

3) Verschiebe gesamtes Konstrukt auf den Nullpunkt, und kippe es so, daß das Lot einer der Koordinatenachsen entspricht.

4) Drehe den Lichtvektor um den doppelten Einfallswinkel um das Lot.

5) Verschiebe zurück.

Ein Anwendungsbeispiel

Die Arbeit am Computer beinhaltet zwar einen kleinen theoretischen Teil, dennoch soll hier die Praxis auch nicht zu kurz kommen. Je praxisorientierter ein Lehrstoff ist, desto besser und lieber lernt man dabei schließlich. In diesem Fall wird eine Unit vorgestellt, dies es ermöglicht, derart grafisch/mathematisch gelagerte Probleme zu lösen.

Als Grundlage nehmen wir einen kleinen physikalischen Versuch, der im Prinzip eigentlich das ganze Raytracing erfaßt. Zwar wird der gesamte Prozeß wesentlich vereinfacht, aber die Grundidee bleibt wie erwähnt erhalten. Benutzt wird als zentrales Element ein kleiner Drehspiegel, der sich auch während des Versuchs ständig bewegt, also dreht. Ein darauf fallender Lichtstrahl wird natürlich reflektiert und fällt dann auf weitere beliebige Objekte, die bspw. auch eine Farbe haben können. Als Exempel wurde in diesem theoretischen Versuch ein blaues Objekt an eine beliebige Stelle gelegt.

Das folgende Listing ist eigentlich selbsterklärend. Zu bedenken ist, daß als Besonderheit hier nicht der dreidimensionale, sondern der zweidimensionale Raum benutzt wurde.

Eine Übertragung unter Berücksichtigung der dritten Dimension dürfte allerdings keine Probleme bereiten. Der Grund für diese Vereinfachung ist ganz einfach. Er liegt in der momentan leider noch sehr langsamen Programmiersprache Pascal. Die Systemressourcen werden im Gegensatz zu ausgesprochenen Grafiksprachen, wie beipielsweise C oder C++ weniger gut und effektiv vergeben und verwaltet. Pascal ist nach dem heutigen Stand der Dinge immer noch eine Schul- und Lehrsprache. - Beschränkt auf die zweite Dimension kann man den Computer natürlich auch veranlassen, ständig ein Bild mitzuzeichnen, auf dem Strahlverlauf und Farbe zu erkennen sind.

Für den Strahl werden mehrere Parameter gespeichert. Das sind Antrags-und Richtungsvektor sowie auch optional die Farbzusammensetzung des Lichtes in der entsprechenden Mischform mit anteiligen Verhältnissen.

Programmintern sollte es eine kleine Hauptschleife geben, die nach jeder Spiegeldrehung den Strahlenverlauf erneut berechnet. Dazu wird aus dem Reflexionspunkt auf dem Spiegel der neue reflektierte Strahl berechnet. Mit diesem wird von vorne angefangen. Es wird nach dem nächsten Reflexionsobjekt gesucht, der Schnittpunkt,usw. berechnet. Das Ganze endet für den einzelnen Lichtstrahl, wenn kein Objekt mehr gefunden werden kann, bei dem eine Reflexion auftreten kann.

Zum Schluß noch eine kleine Warnung: Auch, wenn Borland-Pascal es erlaubt, eine Menge Speicher zu nutzen, sollte es nicht über die kleinen Nachteile hinwegtäuschen. Dies sind vorrangig die erheblichen Rundungsfehler im System. Je nach Prozessorarchitektur ist es rein theoretisch möglich, daß ein Objekt schon nach einigen Hundert Drehungen weggerundet ist!

```
UNIT vrechng;

 INTERFACE

  TYPE tvec = array[1..2] of REAL;

  PROCEDURE makevec(x,y : REAL; VAR v : tvec);
  PROCEDURE multvec(VAR v : tvec; faktor : REAL);
  PROCEDURE addvec(VAR v1 : tvec; v2 : tvec);
  FUNCTION winkel(vec1,vec2 : tvec) : REAL;
  PROCEDURE mult(VAR was : REAL; fac : REAL);
  PROCEDURE swapvec(VAR v1,v2 : tvec);
  PROCEDURE solve(v1,v2,e : tvec; VAR e1,e2 : REAL);
  PROCEDURE schnittpunkt(a1,r1,a2,r2 : tvec; VAR p : tvec);
  FUNCTION entfernung(v1,v2 : tvec) : REAL;
  PROCEDURE rotate_vec(VAR v : tvec; punkt : tvec; w : REAL);
  PROCEDURE reflex(v,rdo,punkt : tvec; VAR neu : tvec);

 IMPLEMENTATION

  PROCEDURE makevec;
```

```
  BEGIN
   v[1] := x;
   v[2] := y;
  END;

PROCEDURE multvec;

  BEGIN
   v[1] := v[1] * faktor;
   v[2] := v[2] * faktor;
  END;

PROCEDURE addvec;

  BEGIN
   v1[1] := v1[1] + v2[1];
   v1[2] := v1[2] + v2[2];
  END;

FUNCTION winkel;

  VAR i : INTEGER;
      h : REAL;

  BEGIN
   h := 0;
   for i:=1 to 2 do h := h+(vec1[i]*vec2[i]);
   winkel := arctan(h);
  END;

PROCEDURE mult;

  BEGIN
   was := was * fac;
  END;

PROCEDURE swapvec;

  VAR h : tvec;

  BEGIN
   h := v1;
   v1 := v2;
   v2 := h;
  END;
```

```
PROCEDURE solve;

 VAR faktor1,faktor2,help : REAL;

 FUNCTION loesung(v1,v2 : tvec) : BOOLEAN;

  BEGIN
   if ((v1[1]0) and (v2[1]=0) and (v1[2]=0) and (v2[2]0)) or
     ((v1[1]=0) and (v2[1]0) and (v1[2]0) and (v2[2]=0))
   then loesung := true
   else loesung := false;
  END;

 BEGIN
  while not loesung(v1,v2) do BEGIN
   if (v1[1]0) and (v1[2]0) then BEGIN
    faktor1 := v1[2]*(-1);
    faktor2 := v1[1];
    mult(v1[1],faktor1);
    mult(v2[1],faktor1);
    mult(e[1],faktor1);
    mult(v1[2],faktor2);
    mult(v2[2],faktor2);
    mult(e[2],faktor2);
    v1[1] := v1[1]+v1[2];
    v2[1] := v2[1]+v2[2];
    e[1] := e[1] + e[2];
   END
   else BEGIN
    faktor1 := v2[2]*(-1);
    faktor2 := v2[1];
    mult(v1[1],faktor1);
    mult(v2[1],faktor1);
    mult(e[1],faktor1);
    mult(v1[2],faktor2);
    mult(v2[2],faktor2);
    mult(e[2],faktor2);
    v1[2] := v1[2]+v1[1];
    v2[2] := v2[2]+v2[1];
    e[2] := e[2]+e[1];
   END;
  END;
  faktor1 := v1[1]+v2[1];
  faktor2 := v1[2]+v2[2];
  if faktor1 * faktor2 =0 then BEGIN
```

```
      e1 := 0;
      e2 := 0;
    END
    else BEGIN
      e1 := e[1] / faktor1;
      e2 := e[2] / faktor2;
    END;
    if v1[1]=0 then BEGIN
      help := e1;
      e1 := e2;
      e2 := help;
    END;
  END;

PROCEDURE schnittpunkt;

  VAR erg1,erg2 : REAL;
      antrag,
      richtung  : tvec;

  BEGIN
    antrag := a1;
    richtung := r1;
    multvec(a1,-1);
    addvec(a2,a1);
    multvec(r2,-1);
    solve(r1,r2,a2,erg1,erg2);
    p := antrag;
    multvec(richtung,erg1);
    addvec(p,richtung);
  END;

FUNCTION entfernung;

  VAR dx,dy : REAL;

  BEGIN
    dx := v2[1]-v1[1];
    dy := v2[2]-v1[2];
    entfernung := sqrt(sqr(dx)+sqr(dy));
  END;

PROCEDURE rotate_vec;

  { Vektor "v" um Bezugspunkt "punkt" um den Wert "w" }
```

```
   VAR neu : tvec;

   BEGIN
    multvec(punkt,-1);
    addvec(v,punkt);
    neu[1] := (v[1]*cos(w))-(v[2]*sin(w));
    neu[2] := (v[2]*cos(w))+(v[1]*sin(w));
    v := neu;
    multvec(punkt,-1);
    addvec(v,punkt);
   END;


  PROCEDURE reflex;

   VAR w : REAL;

   BEGIN
    w := winkel(v,rdo);
    neu := v;
    rotate_vec(neu,punkt,(pi/2)-(2*w));
   END;

END.
```

Kapitel 16

Radiosity - Das Raytracing der Zukunft

Die Grundidee

Das Raytracing, welches im letzten Kapitel vorgestellt wurde, arbeitet in der Regel auf einem schnellen Rechner mit viel Speicher gut und zuverlässig. Bei komplexeren Aufgaben versagt es. Das Paradebeispiel dafür dürfte wohl "Cyberspace" sein.

Cyberspace ist das vollständige Eintauchen in eine vom Computer erzeugte Kunstwelt, die dem Betrachter über eine "Stereo-Video-Brille" gezeigt wird. In dieser künstlichen Welt kann er sich nach Belieben bewegen, kann "Schalter" drücken usw. Für schnelle Drehungen (die Kopfposition wird dabei vom Computer erfaßt) muß der Rechner in Bruchteilen von Sekunden die Bilder für beide Augen berechnen.

Mit dem Raytracing-Verfahren wird man da sehr schnell ans Ende der Leistungsfähigkeit gelangen. Wahrscheinlich aus diesem Grund wurden sogenannte "Radiostiy-Verfahren" entwickelt.

Diese basieren auf den Annahmen, daß der Mensch im Raum selbst keinen Schatten wirft, was für den optischen Eindruck später nicht tragisch ist, denn wer sieht sich schon seinen Schatten an? Zudem wird davon ausgegangen, daß sich die Lichtsituation im Raum während des Aufenthaltes nicht verändert, es wird also quasi ausgeschlossen, daß man den Raum zusammen mit einer Taschenlampe in der Hand betritt.

Und so wurde es realisiert

Aus all diesen Annahmen und Voraussetzungen wurde der Raum in kleine Dreiecksflächen aufgeteilt, und die Informationen dazu, wie Position im Raum, Grundfarbe und Oberflächenbeschaffenheit wurden gespeichert, genau wie die Position der Lichtquelle(n). Man geht dann vollkommen rekursiv vor. Von der hellsten Lichtquelle ausgehend, berechnet man die Flächen, die von ihr angestrahlt werden. Die haben dann schließlich eine konstante Farbe auf dem angegebenen Bereich. Ihrerseits werden sie durch die Reflexion wieder zu kleinen Lichtquellen. Sind alle primären Lichtquellen bearbeitet, werden die sekundären Reflexlichtquellen nach ihrer Helligkeit sortiert und dann wieder berechnet. Der Vorgang endet genau dann, wenn durch die Weiterberechnung eine nennenswerte Aufhellung des Raumes nicht mehr zu erwarten ist.

Alle Informationen über den Endstand dieser Berechnungen werden gespeichert. Nun ist es während einer Cyberspacesitzung vollkommen egal, aus welchem Winkel der berechnete Raum betrachtet wird, denn alle Kleinflächen haben unabhängig vom Betrachterstandpunkt die gleiche Farbe. Baut man bei einer Bewegung des Betrachters den Raum nach den Regeln der Hidden-Line-Grafik von hinten nach vorne auf, so kann ein realistisches Bild erzeugt werden. Bei einer Bewegung im Raum muß nun nicht immer der gesamte Blickbereich neu berechnet werden, sondern es kann auf zuvor gesicherte Ressourcen zurückgegriffen werden. Das macht das Verfahren natürlich sehr schnell.

Es ist jetzt nur noch abhängig von der Rechnerleistung, wie real der Raum dargestellt wird. Je realer es werden soll, desto feiner müssen die kleinen Teilflächen sein. Das führt zu mehr Rechenaufwand. Für die Zukunft kann man durchaus voraussagen, daß durch das letzte vorgestellte Verfahren ein wesentlicher Schritt in die richtige Richtung zur realistischen Animation gezeigt wurde. Das starre und langsame, aber dennoch weit verbreitete Raytracing wird hierdurch sicherlich bald abgelöst werden.

Die Realisierung in einer Programmiersprache

Jetzt wird es etwas schwieriger. Die heute für den PC (oder AT) erhältlichen Programmiersprachen bieten allein in der Rechenleistung nicht die erforderlichen Möglichkeiten. Der generierte Programmcode ist zu langsam und zu wenig leistungsfähig, um derartig gelagerte Probleme lösen zu können. Beim derzeitigen Stand der Technik ist an eine Realisierung unter Borland-Pascal nicht zu denken. Hier müssen große Vektorrechneranlagen ans Werk, die es ermöglichen, in einem Programmschritt gleich mehrere Operationen gleichzeitig durchzuführen. Ein schwacher Trost, aber immerhin ...

Anhang A

Grafik-Operationen unter Borland-Pascal - Eine Referenz

initgraph

(VAR grafiktreiber : INTEGER; VAR modus : INTEGER; VAR pfad : STRING);

Initgraph ist hauptsächlich eine Prozedur zur Überprüfung der aktuellen Hardware. Zuerst wird der Typ der Grafikkarte festgestellt. Danach wird ein Modus eingeschaltet.

Die Parameter lauten:

grafiktreiber : legt den vom Anwender gewünschten Treiber fest und übergibt den tatsächlich benutzten als Nummer zurück. Als Besonderheit kann initgraph bei grafiktreiber=0 den benötigten Treiber selbst herausfinden.

modus : wählt je nach Grafikkarte einen möglichen Auflösungsmodus. Der tatsächliche Modus wird zurückübergeben.

pfad : legt den Suchweg für den Grafiktreiber fest (".BGI"). Wird hier ein Leerstring angegeben, so wird im aktuellen Verzeichnis gesucht.

closegraph

(ohne Parameter)

Dadurch wird das Grafikpaket beendet. Der durch Treiber und Grafikdaten belegte Speicher wird wieder freigegeben, der Textmodus wird danach wieder eingeschaltet.

cleardevice

(ohne Parameter)

löscht den Grafikbildschirm und setzt alle anderen Parameter auf die Standardwerte. U.a. wird auch automatisch die erste Grafikseite eingeschaltet.

setviewport

(x1,y1,x2,y2 : INTEGER; clipping : BOOLEAN);

Damit wird ein Grafikfenster definiert, in dem sich alle nachfolgenden Prozeduren abspielen sollen. Bei clipping=true werden nur Grafikoperationen innerhalb des definierten Fensters ausgeführt. Ohne diese Definition ist der gesamte Bildschirm als Grafikfenster definiert.

x1,y1,x2,y2 : Koordinaten des Grafikfensters

clipping : legt fest, ob das "Clipping" aktiviert werden soll.

clearviewport

(ohne Parameter)

löscht das aktuelle Grafikfenster bzw. den gesamten Bildschirm.

setactivepage

(seite : WORD)

legt die aktuelle Grafikseite fest (sofern mehrere verwaltet werden. Die erste aller Seiten hat immer die Nummer 0. Alle nachfolgenden Grafikoperationen werden ausschließlich auf dieser Seite durchgeführt.

seite : Die logische Nummer der Seite

setvisualpage

(seite : WORD)

Damit wird bestimmt, welche Grafikseite jetzt auf dem Bildschirm angezeigt werden soll. Es ist also möglich, verschiedene Grafikoperationen im Hintergrund ablaufen zu lassen, später dann erst anzeigen zu lassen.

putpixel

(x,y : INTEGER; farbe : WORD)

Zeichnet einen Punkt der Farbe *farbe* an die Stelle (*x,y*).

x,y : Koordinaten der Stelle, an die der Punkt (Pixel) gesetzt werden soll.

farbe : Die Zeichenfarbe des zu setzenden Punktes.

line

(x1,y1,x2,y2 : INTEGER);

zeichnet eine Linie von (x1,y1) nach (x2,y2) in der aktuell aktiven Zeichenfarbe.

x1,y1 : Startpunkt der Linie

x2,y2 ; Endpunkt der Linie

rectangle

(x1,y1,x2,y2 : INTEGER)

zeichnet ein Rechteck, welches korrekt vertikal/horizontal ausgerichtet ist. Die notwendigen Punkte werden aus den beiden angegebenen Punkten berechnet.

x1,y1 : Koordinaten der oberen, linken Ecke

x2,y2 : Koordinaten der unteren, rechten Ecke

arc

(x,y : INTEGER; wStart, wEnde, Radius : WORD);

Zeichnet einen Kreisbogen vom Start- zum Endwinkel um den angegebenen Mittelpunkt.

x,y : Koordinaten des Mittelpunktes, um den der Kreisbogen gezogen werden soll.

wStart : Winkel, bei dem der Kreisbogen beginnen soll. Hier ist das Gradmaß (0..360 Grad) anzugeben. Das Maß 0 Grad liegt horizontal rechts neben dem Kreismittelpunkt. Die Zählung erfolgt im mathematisch positiven Sinn, also gegen den Uhrzeigersinn.

wEnde : Winkel, bei dem der Kreisbogen enden soll.

Radius : Abstand des Kreisbogens zum Mittelpunkt.

circle

(x,y : INTEGER; Radius . WORD);

Es wird ein Kreis mit angegebenen Radius um (x,y) gezogen.

x,y : Koordinaten des Kreismittelpunktes

Radius : Radius des zu zeichnenden Kreises

ellipse

(x,y : INTEGER; Startwinkel, Endwinkel : WORD; x_Radius, y_Radius : WORD);

x,y : Mittelpunkt der Ellipse

Startwinkel, Endwinkel : geben den Start- bzw. Endwinkel der zu zeichnenden Ellipse an (siehe auch "arc").

x_Radius, y_Radius : geben die beiden Radien der Ellipse an.

getmaxx

: INTEGER;

Stellt fest, wie groß die maximale x-Koordinate des Bildschirmes ist. Dieser Aufruf ist eine Funktion.

getmaxy

: INTEGER;

Stellt fest, wie groß die maximale y-Koordinate des Bildschirmes ist. Auch dieser Aufruf ist eine Funktion.

setcolor

(farbnummer : WORD);

setzt die aktuelle Zeichenfarbe.

farbe : Nummer der entsprechenden Farbe in der Palette.

getcolor

: WORD

liefert die aktuelle Zeichenfarbe zurück. Dieser Aufruf ist eine Funktion.

getbkcolor

: WORD

liefert die Hintergrundfarbe des Bildschirmes zurück. Dieser Aufruf wird dazu benötigt, festzustellen, mit welcher Farbe durch Überzeichnen gelöscht werden soll.

Anhang B

Grundstrukturen von Borland-Pascal

Allgemeine Form eines Borland-Pascal-Programms

Die allgemeine Form eines Programms in Borland-Pascal ist nicht allgemeingültig. Das bedeutet, daß nicht immer alle hier aufgeführten Struktur-Kennzeichen (z.B. der "USES"-Aufruf, der "CONST"-Teil, ...) auch in jedem Programm auftauchen müssen. Welche Teile welchen Sinn haben, wird nun aufgedeckt.

PROGRAM legt den Namen des Programms fest. Er darf keine Leerzeichen, Großbuchstaben oder Satzzeichen beinhalten. Dieser Aufruf muß immer eingegeben werden. Er muß als allererste Anweisung das Programm eröffnen.

USES legt fest, welche Werkzeug-Units benutzt werden sollen. Neben den gebräuchlichen Borland-Pascal Units ("CRT", "DOS", "PRINTER", ...) können auch Units selbst geschrieben und so eingebunden werden. Der Vorteil: Es bleibt viel mehr Speicher für das eigentliche Programm.

CONST deklariert programminterne Konstanten.

TYPE legt selbstdefinierte Datentypen und deren Struktur fest. Das gebräuchlichste Beispiel ist der Typ "Liste" oder "Record".

VAR deklariert die Variablen, die vom Hauptprogramm benutzt werden. Alle anderen Variablen, die nur innerhalb einer Prozedur oder Funktion benutzt werden, werden dort deklariert. Als Variablennamen können auch die neuen, unter TYPE deklarierten Typen angegeben werden.

FUNCTION/PROCEDURE deklariert eine Funktion/Prozedur. Die Struktur ähnelt der des Gesamtprogramms: Es können (müssen aber nicht) TYPE, CONST, VAR-Deklarationen erfolgen. Auch Unterprozeduren/Funktionen können hier deklariert werden. Alle Funktions-/prozedurinternen Deklarationen haben nur innerhalb dieses Unterprogrammes Gültigkeit.

BEGIN/END ist schließlich der Bereich für das Hauptprogramm. Zur Beachtung: "END" muß als allerletzte Anweisung im Programmtext stehen. Ihm muß immer ein Punkt (".") folgen!

```
PROGRAM programmname;

USES unitname1, unitname2, ...

CONST
   konstante1 = ausdruck1;
   konstante2 = ausdruck2;
   ...

TYPE
   typenname1 = typ1;
   typenname2 = typ2;
   ...

VAR
   variable1,
   variable2,
   ...
   variable n : typ1;
   variable a,

   variable b  : typenname1;


FUNCTION funktionsname(Parameter) : Typ;

  BEGIN
  ...
  END;

PROCEDURE prozedurname(Parameter);
```

```
  BEGIN
    ...
  END;

BEGIN
  ...
END.
```

Allgemeine Form einer Borland-Pascal-Unit

Ähnlich wie beim Programm verhält es sich auch bei der Unit von Borland-Pascal. Es müssen auch hier nicht immer alle Teile existieren. Welche jedoch unerläßlich sind, und welchen Sinn die anderen haben, wird nun erläutert:

UNIT legt den Namen der Unit fest. Sie sollte dem Dateinamen entsprechen und somit nicht länger als acht Zeichen sein.

INTERFACE leitet den Beginn des "öffentlichen" Teils ein. Dieser stellt die Schnittstelle zum später übergeordneten Programm dar. Nur die hier deklarierten Prozeduren, Funktionen, Variablen und Typen können dann auch benutzt werden.

USES,CONST,TYPE,VAR siehe Struktur des Programmes.

PROCEDURE/FUNCTION legt den Namen und die Parameterliste der öffentlichen Prozeduren und Funktionen fest. Die Anweisungen selbst werden hier noch nicht mit angegeben.

IMPLEMENTATION leitet den inoffiziellen, Unit-internen Teil ein. Hier wird explizit ausgeführt, wie die Prozeduren im einzelnen aussehen sollen. Hier können außerdem Konstanten, Typen und Variablen, aber auch Prozeduren und Funktionen deklariert werden, die später nicht mehr benutzt werden, sondern nur als Hilfsprozeduren existieren sollen. Der Kopf von Prozeduren/Funktionen braucht keinerlei Parameter mehr zu beinhalten.

BEGIN/END schließen die Anweisungen ein, die direkt beim Aufruf durch das Programms aufgerufen werden sollen. Das könnten z.B. Initialisierungen sein, die zum ordnungsgemäßen Ablauf der Unit notwendig sind. Achten Sie bitte auch hier auf den Punkt hinter dem letzten END.

Und der Nutzen der ganzen Sache? Richtig, er ist sicherlich auf den ersten Blick nicht zu sehen. Im Computer jedoch zeigt sich die Lösung; eine Unit wird nämlich nur soweit in den Hauptspeicher gelassen, wie sie tatsächlich benutzt wird. Prozeduren, die nicht benutzt werden, werden nicht geladen. Das ist bei großen Programmen ein erheblicher Vorteil, wenn man nur wenige Prozeduren auf der Tool-Box benutzen will. Es entfällt auch eine lästige und zeitraubende Neukompilierung beim Laufenlassen eines übergeordneten Programmes.

```
Unit unitname;

INTERFACE

  USES ...;

  CONST ...;

  TYPE ...;

  VAR ...;

  PROCEDURE prozedurname(Parameter);

  FUNCTION funktionsname(Parameter) : funktionstyp;

IMPLEMENTATION

  USES ...;

  CONST ...;

  TYPE ...;

  VAR ...;

  PROCEDURE prozedurname;
    BEGIN
      ...
    END;

  FUNCTION funktionsname;
    BEGIN
      ...
    END;
```

```
BEGIN
  ...
END.
```

Anhang C

Der Inhalt der Programmdiskette

23 Datei(en) 265216 Bytes frei
Inhaltsverzeichnis von A:\
Speichermedium in Laufwerk A ist BP_GRAFIK

3D_SIM.PAS	782	20.08.91	10.50
ANIMATI.PAS	12148	23.01.93	18.00
ANIMATI2.PAS	8428	23.01.93	18.00
ANIMAT3D.PAS	9832	22.08.91	17.19
ANIMAT3D.TPU	12160	22.08.91	17.19
ANIMATIO.PAS	8680	19.08.91	13.22
ANIMATIO.TPU	9456	20.08.91	10.50
D1.PAS	574	23.01.93	18.00
GENENST.TXT	62	23.01.93	18.00
GRAFIK2D.TXT	206	19.08.91	13.25
GRAFIK3D.TXT	276	22.08.91	16.45
HIDDENLI. PAS	696	25.08.91	11.27
MÜNZE.PAS	703	20.08.91	13.32
SPIEGEL.TXT	70	23.01.93	18.00
TEST.PAS	505	23.01.93	18.00
TEST_2D.PAS	276	22.08.91	16.42
TEST_3D.PAS	580	22.08.91	17.23
V1.PAS	636	14.07.91	14.36
V10.PAS	2759	19.08.91	13.11
V11.PAS	5577	19.08.91	13.14
V2.PAS	3116	14.07.91	14.52
V3.PAS	3117	14.07.91	15.19
V4.PAS	5436	14.07.91	15.37

V5..PAS	6666	18.08.91	12.02
V6.PAS	5828	18.08.91	12.14
V7.PAS	6583	18.08.91	12.43
V8.PAS	456	19.08.91	13.06
V9.PAS	729	19.08.91	13.08
VRECHNG.PAS	4204	23.01.93	18.00
WÜRFEL.TXT	274	20.08.91	13.02
WÜRFELHI.PAS	490	23.01.93	18.00

Anhang D

Literaturempfehlungen

Bereich Informatik

Bartel:
Grafikprogrammierung mit Turbo-Pascal 6.0 (Vieweg Verlag)

Weidner/Strauss:
Grafik und Animation in C (Vieweg Verlag)

Aupperle:
Objektorientierte Programmierung mit Turbo-Pascal (Vieweg Verlag)

Bereich Physik

Berkeley Phasik Kurs:
Band 3: Schwingungen und Wellen (Vieweg Verlag)

Dorn/Bader:
Physik Oberstufe - Band O (Optik) (Schroedel Verlag)

Bereich Mathematik

Fischer:
Lineare Algebra Band 1 (Vieweg Verlag)

Dallmann/Elster:
Einführung in die Höhere Mathematik 1 (Vieweg Verlag)

Dörfler/Peschek:
Mathematik für Informatiker (Hanser Verlag)

Bronstein/Semendjajew:
Taschenbuch der Mathematik (Verlag Harri Deutsch)

Index

!

A

B

G

H

I

K

L

M

N

O

P

R

S

T

U

V

W

Z

Formelsammlung der Grafikanimation

Hier soll nun als letzter Buchanhang eine Gesamtübersicht der benutzten Formeln gegeben werden. Als Formelsammlung gedacht sollten Sie diese aus dem Buch herausnehmen und beim Programmieren Ihrer eigenen Animation benutzen. Sie sollten aber immer folgendes beachten:

- Wenn Sie eine Figur/ ein Objekt um einen bestimmten Winkel drehen wollen, so bezieht sich der Winkel ω immer auf das Bogenmaß. Die Umrechenvorschrift wurde als letzte Formel (nächste Seite) eingefügt.

- Wenn Sie in einem Bildschritt mehrere Manipulationen gleichzeitig durchführen möchten, kann es unter Umständen eine nicht unerhebliche Rechen- und damit Zeit-Ersparnis bedeuten, die Zuweisungsformeln nicht einfach für jede Manipulation aneinanderzuhängen, sondern eine neue, mathematisch vereinfachte Manipulationsvorschrift zu finden.

- Alle Operationen in der Formelsammlung beziehen sich auf folgende Anfangsvektoren:

$$\vec{x} = \begin{Bmatrix} x \\ y \end{Bmatrix} \text{ für 2 Dimensionen, bzw. } \vec{x} = \begin{Bmatrix} x \\ y \\ z \end{Bmatrix} \text{ für 3 Dimensionen}$$

Ich wünsche Ihnen bei Ihren Experimenten mit der Grafik viel Erfolg!

Andreas Bartel

Art der Manipulation	Zuweisungsvorschrift 2-dimensional	Zuordnungsvorschrift 3-dimensional
Verschiebung von $\vec{x}$ um $\vec{V}=\begin{Bmatrix} V_x \\ V_y \\ V_z \end{Bmatrix}$	$x_{neu}=x_{alt}+V_x$ $y_{neu}=y_{alt}+V_y$	$x_{neu}=x_{alt}+V_x$ $y_{neu}=y_{alt}+V_y$ $z_{neu}=z_{alt}+V_z$
Skalierung von $\vec{x}$ um $\vec{S}=\begin{Bmatrix} S_x \\ S_y \\ S_z \end{Bmatrix}$	$x_{neu}=x_{alt}*S_x$ $y_{neu}=y_{alt}*S_y$	$x_{neu}=x_{alt}*S_x$ $y_{neu}=y_{alt}*S_x$ $z_{neu}=z_{alt}*S_z$
Spiegelung x von $\vec{x}$	$x_{neu}=x_{alt}*(-1)$ $y_{neu}=y_{alt}$	$x_{neu}=x_{alt}*(-1)$ $y_{neu}=y_{alt}$ $z_{neu}=z_{alt}$
Spiegelung y von $\vec{x}$	$x_{neu}=x_{alt}$ $y_{neu}=y_{alt}*(-1)$	$x_{neu}=x_{alt}$ $y_{neu}=y_{alt}*(-1)$ $z_{neu}=z_{alt}$
Spiegelung z von $\vec{x}$	- nicht ausführbar! -	$x_{neu}=x_{alt}$ $y_{neu}=y_{alt}$ $z_{neu}=z_{alt}*(-1)$
Drehung um die x-Achse von $\vec{x}$ um den Winkel ω	- nicht ausführbar! -	$x_{neu}=x_{alt}$ $y_{neu}=y_{alt}*\cos\omega-z_{alt}*\sin\omega$ $z_{neu}=y_{alt}*\sin\omega+z_{alt}*\cos\omega$
Drehung um die y-Achse von $\vec{x}$ um den Winkel ω	- nicht ausführbar! -	$x_{neu}=x_{alt}*\cos\omega+z_{alt}*\sin\omega$ $y_{neu}=y_{alt}$ $z_{neu}=z_{alt}*\cos\omega-x_{alt}*\sin\omega$
Drehung um die z-Achse von $\vec{x}$ um den Winkel ω	$x_{neu}=x_{alt}*\cos\omega-y_{alt}*\sin\omega$ $y_{neu}=x_{alt}*\sin\omega+y_{alt}*\cos\omega$	$x_{neu}=x_{alt}*\cos\omega-y_{alt}*\sin\omega$ $y_{neu}=x_{alt}*\sin\omega+y_{alt}*\cos\omega$ $z_{neu}=z_{alt}$
Umrechung von Grad α auf Bogenmaß ω	$\omega=\alpha*\pi/180$ *mit* $\pi\approx3.141592654$